新
思
THINKR

有思想和智识的生活

始皇帝

秦始皇和他生活的时代

人間·始皇帝

[日]鹤间和幸 著
杨振红 单印飞 译

新思精选

中信出版集团丨北京

图书在版编目（CIP）数据

始皇帝：秦始皇和他生活的时代 /（日）鹤间和幸著；杨振红，单印飞译. -- 北京：中信出版社，2019.7
ISBN 978-7-5086-9563-1

Ⅰ.①始… Ⅱ.①鹤…②杨…③单… Ⅲ.①秦始皇（前259-前210）—生平事迹 Ⅳ.①K827=33

中国版本图书馆CIP数据核字(2018)第226425号

NINGEN, SHIKOTEI by Kazuyuki Tsuruma
© 2015 by Kazuyuki Tsuruma
Originally published 2015 by Iwanami Shoten,Publishers, Tokyo
Simplified Chinese edition published © 2019 CITIC Press Corporation,
Beijing by arrangement with the proprietor c/o Iwanami Shoten,Publishers,Tokyo
ALL RIGHTS RESERVED

本书仅限中国大陆地区发行销售

始皇帝：秦始皇和他生活的时代

著　　者：[日]鹤间和幸
译　　者：杨振红　单印飞
出版发行：中信出版集团股份有限公司
　　　　　（北京市朝阳区惠新东街甲4号富盛大厦2座　邮编　100029）
承　印　者：河北鹏润印刷有限公司

开　　本：787mm×1092mm　1/32　印张：9　字数：133千字
版　　次：2019年7月第1版　印次：2019年7月第1次印刷
京权图字：01-2019-1697　广告经营许可证：京朝工商广字第8087号
书　　号：ISBN 978-7-5086-9563-1
定　　价：48.00元

版权所有·侵权必究
如有印刷、装订问题，本公司负责调换。
服务热线：400-600-8099
投稿邮箱：author@citicpub.com

目录

序言 / i

第一章 赵正出生 / 001

003 / 长平之战

005 / 质子的价值

007 / 两个父亲的真伪

010 / 赵政与赵正,两个名字

013 / 司马迁的用意

015 / 生日占卜

017 / 吕不韦的谋策

021 / 吕不韦的如意算盘

025 / 秦始皇的母亲

第二章　秦王即位 / 029

- 031 / 回国
- 032 / 两任秦王之死
- 035 / 秦王即位
- 036 / 间谍事件与逐客令
- 041 / 郑国渠水的润泽

第三章　嫪毐之乱 / 045

- 047 / 彗星与内乱
- 049 / 四次彗星
- 052 / 关于嫪毐之乱的记载
- 054 / 事件的真相
- 056 / 吕不韦之死
- 057 / 秦王的不孝和私通事件

第四章　暗杀未遂 / 059

- 061 / 燕太子报仇
- 062 / 暗杀秦王未遂事件的真相
- 065 / 荆轲的活动充满谜团

067 / 燕太子丹归国

069 / 荆轲逐秦王

072 / 进攻魏都大梁

073 / 楚国末日之谜

077 / 五十步笑百步——竹简记录的战场

079 / "赵为号,秦为笑"

080 / 无血入城

083 / 六国国王的生存

第五章　皇帝巡行 / 085

087 / 《史记》对秦始皇二十六年的记载

089 / 统一记事空白之谜

091 / 废弃在古井中的统一诏版

096 / 提出"皇帝"称号议案的御前会议

098 / 天下一统

100 / 巡行意图

102 / 挑战泰山封禅

106 / 遭遇东方大海

109 / 祭祀齐国八神

114 / 七刻石的意义

第六章　中华梦 / 119

- 121 / 丞相李斯的新战争
- 123 / "亡秦者胡也"
- 126 / 连接沙漠与大海的长城
- 130 / 通往草原和沙漠的道路
- 133 / 百越的世界
- 135 / 希求南海物产
- 136 / 运河的修建
- 140 / 孔子与秦始皇
- 142 / 君臣父子秩序
- 143 / 焚书坑儒

第七章　帝王之死 / 149

- 151 / 最后的巡行
- 153 / 预言年份订正
- 155 / 徐福传说的背景
- 158 / 海神之梦
- 160 / 遗诏的去向
- 161 / 崩于沙丘平台

165 / 伪造的遗诏

168 / 《赵正书》讲述的新故事

第八章　帝国的终结 / 171

172 / 《史记》所见秦始皇陵

176 / 遥感调查

177 / 秦始皇陵的选址

181 / 两个骊山

182 / 向外延伸的陵园空间

186 / 水银流动的永恒世界

188 / 兵马俑坑的发现

191 / 肢解的遗骸

194 / "影子帝王"赵高

198 / 秦始皇庙

200 / 未完成的帝国

202 / 处死丞相李斯

205 / 秦二世的末日

206 / 秦王子婴

结语 / 209

人物介绍 / 213

参考史料·文献 / 223

秦始皇相关年表 / 234

序

言

探求秦始皇的真实形象

生活在距今两千二百多年的古代中国的秦始皇（公元前259—前210年，公元前247—前210年在位）[a]，是中国历史上第一位皇帝。通过阅读司马迁（约公元前145—约前86年）编纂的《史记》，我们可以了解秦始皇近五十年的人生。秦始皇，也就是秦王政，出生在远离秦国的赵国都城邯郸，十三岁即位为秦王，三十九岁统一天下做了皇帝，十一年后突然病死，他一手建立的

---

[a] 编者按：公元前247年，赵正即位秦王，次年改元。公元前221年称帝，为始皇帝。秦代计算年龄将出生当年也计在内，故"虚岁"比实际年龄多一岁。按附录年表的计算方法，如无特殊说明，本书统一使用虚岁计法。

i

秦帝国也在其逝后三年多便土崩瓦解。

尽管这是一个仅存续了十五年的短命帝国，然而，在中国历史上还没有哪一位皇帝像秦始皇这样引发过巨大争议。这是因为，虽然秦始皇已经死了两千多年，但他的权威一直延续到今天，对中国历史产生着巨大影响。如果要了解现在的中国，则必须追溯至秦始皇时代。我们很难用"专制独裁者"或者"雄才大略的君主"来简单地评价秦始皇，这是一个能够引起人们强烈兴趣的人物。

司马迁把秦始皇描述成第一个统一了中国的皇帝——而且注定会成为"皇帝"。我们在《史记》中见到的秦始皇形象，是生活在秦始皇死后一百多年的司马迁塑造的，和秦始皇的真实形象已经有了一定距离。司马迁一生大部分时间生活在西汉武帝（公元前140—前87年在位）统治时期，可以说他是为了记录汉武帝及其时代才编纂《史记》的，即司马迁撰写《史记·秦始皇本纪》的目的并不是记录秦始皇时代本身。在司马迁眼中，当今皇帝汉武帝和秦始皇的形象是有所重叠的。

两个帝王的行为之所以十分相似，是因为汉武帝本人十分仰慕秦始皇。可以说，汉武帝采取的一系列措施——发动北击匈奴、南伐南越（秦灭亡后不久，秦人赵佗自立为王建立的越人国家）的大规模战争，修建万里长城，在泰山举行封禅等国家祭祀，巡行天下进行全国范围的山川祭祀等——都是在重现秦始皇的功业。汉武帝历时近五十四年的统治，是在继承秦始皇遗产的同时，试图摆脱其"魔咒"的历程。

因此，要想接近秦始皇近五十年生涯的真相，必须对《史记》持谨慎态度。这并不是说要无视《史记》的记载，而是要逐一核实、验证《史记》中有关秦始皇记载的史料根据。幸运的是，司马迁并没有杜撰秦始皇的历史，他编写的秦始皇大事记基本上都是照录原始材料，从中进行取舍选择的。因此，把收录在《史记》中的原始素材从汉武帝时代剥离开来进行重塑的工作是可行的。做这项工作时，最有效的方法就是积极、灵活地运用秦始皇时期的考古资料和文字资料。但是在1974年以前，采用这一方法本身就很困难。

来自地下的信息

1974年3月，在秦始皇陵东1.5千米的地方偶然发现了兵马俑坑。兵马俑的"俑"字在孔子的语录[a]中出现过。俑是仿照人的样子制作的埋在墓里的人偶，孔子曾批评用俑殉葬。兵马俑坑中出土的秦始皇时期的士兵

---

a 译者按：语录指《论语》。

和战马都是原物大小，栩栩如生。随后在翌年即1975年，又从湖北省云梦县一个秦朝地方官吏的墓中出土了1 155枚秦始皇时期的竹简——睡虎地秦简（竹简是把竹子晒干后，做成细长的札，在上面可以用墨水书写文字）。沉眠地下两千多年的这两大考古发现，将秦始皇时代原原本本地呈现在我们面前。此后秦始皇陵周围的发掘和秦代竹简文字史料的发现一直没有中断过。

进入21世纪后，2002年在湖南省一座古城的古井中发现了36 000多枚秦代简牍——里耶秦简（简是札，牍是板），其图版和释文计划分五卷出版，2012年1月出版了第一卷。2007年，湖南大学岳麓书院从香港购买了一批被盗掘的秦代简牍，加上捐赠的，共有2 176枚简。岳麓书院对其进行整理（岳麓秦简），2010年12月出版了第一卷的图版、释文，计划出版四卷。[a]此外，流失到海外的762枚秦代竹简和3 300余枚汉代竹简，分别于2010年和2009年被捐赠给北京大学（北大秦简和北大汉简），2012年12月出版了汉代竹简图版与释文第一卷，计划共出版七卷。

这些资料都是秦始皇时期的第一手资料，而且信息量远远超过了司马迁的记载。现在已经不能忽视从古井和地方官吏墓等地下出土的珍贵史料了，可以说，2010

---

[a] 译者按：全书后来计划增加为七卷。

年以后，秦始皇研究进入了一个新的阶段。（岳麓秦简和北大秦简、汉简均不是正式发掘出土的，而是从伪造简横行的古董市场上流出的，因此，必须注意简牍的年代测定、文字形态、文意是否合理等，需要慎重对待。）

在这些简牍中发现了一些和《史记》记载不同的秦始皇故事。例如，北大汉简中有一份讲述秦始皇事迹、自题为《赵正书》的竹简文书（参见第七章篇章页）。文书写在50枚竹简上，约1 500字，"赵正"就是《史记》中所记的秦始皇赵政。此前我们完全不知道还有这样一份关于秦始皇的汉代文献，属于全新的发现。全文目前尚未公布，据说书写年代比成书于汉武帝统治后期的《史记》稍早一些。《史记》记载秦始皇叫嬴政，也叫赵政。传说秦的祖先在五帝之一的舜帝时被赐予"嬴"姓，其子孙被封于赵城，因此也以赵为氏。

《赵正书》的内容令人震惊。它除了将秦始皇称作"赵正"外，还不承认秦始皇为皇帝，而称他为"秦王"。它还记载秦王是在白（柏）人这个地方病倒的，这和《史记》中"病于平原津"的记载矛盾。此外，《史记》记载，秦始皇在沙丘驾崩后，胡亥、赵高、李斯三人立即阴谋发动叛乱，毁掉了秦始皇嘱托长子扶苏继位的遗诏。但是《赵正书》却记载，在秦始皇的主持下召开了立胡亥为正统继承人的会议，秦始皇同意由胡

v

亥来继位。这与《史记》的记载明显存在龃龉。

进而，2013年在湖南省益阳市古井中发现了一批最新的秦代竹简（益阳秦简），简文上记述了刚刚继位的二世皇帝在父亲去世后所立的誓言："天下失始皇帝，皆遽恐悲哀甚，朕奉遗诏。"而根据《史记》的记载，秦始皇的遗诏被赵高等人毁掉了，他们通过伪造新的遗诏让秦二世即位做了皇帝。史实到底是怎样的？这就需要对有关秦始皇的最重要史料——《史记》进行重新考察。

凡人·秦始皇

关于秦始皇是暴君还是才能卓著的君主，人们至今争论不决。若从烧毁儒家典籍、坑埋儒生的焚书坑儒，以及修建万里长城等大型土木工程时残酷役使民众等行为来看，他应当被视为暴君；但另一方面，若从他结束了战国分裂时代实现统一，统一文字、度量衡，以及推行郡县制、构建了中国历代王朝基本政治体制这些来看，我们应当把他看作是一位有才能的君主。在这些传统认识之外，新发现的秦始皇时代的史料还揭示了一个与以前通常所说的镇压儒家的暴君形象不同的皇帝形象。同时，相对于"通过强权实现统一事业"的皇帝形象，一个作为普通人的秦始皇形象也开始浮出水面：他一边进行征服六国的战争，一边却对东方（六国之地）的地域文化心存敬畏。

从2010年开始，五年来我一直在大学开设"出土资料所见秦始皇时代""从出土资料解读秦始皇时代"两门课程，介绍每年公布的最新出土资料，同时对《史记》进行重新研读，尝试把秦始皇作为一个"人"来接近他的真实形象。这些年的教学研究成果可以归纳为八个主题。本书的内容基本上是讲义内容，分为"赵正出生""秦王即位""嫪毐之乱""暗杀未遂""皇帝巡行""中华梦""帝王之死""帝国的终结"八章，追溯秦始皇的一生及其死后的秦王朝历史。在中国历代皇帝中，没有哪一位皇帝的生涯像秦始皇这样跌宕起伏、波澜壮阔。正因为如此，聚焦作为"人"的秦始皇，而不是作为皇帝的秦始皇，通过追溯一个人的生涯来回望这段历史，应当是有意义的。让我们一起来体验这项工作，开始阅读吧。

第一章

赵正出生

——出身秘密（一岁）

图片说明：《史记》卷五《秦本纪》（公益财团法人东洋文库藏，京都高山寺旧藏）

天养二年（1145）在日本抄写，附有读音顺序符号、汉字的假名、用假名标注的汉字读音、声调关于秦始皇的出身，《史记·秦始皇本纪》记载说他是秦王（庄襄王子楚）的儿子，但在《吕不韦列传》中又说他是吕不韦的儿子。如果只把《史记》看成是传说式的文学作品，这种矛盾记载可能是为了吸引读者的兴趣：第一个统一中国的皇帝——秦始皇——身上流淌的并不是秦王室的血，他其实是东方商人和其宠妾生的儿子，这样的故事可能会更吸引人。但如果把《史记》看作历史史料的话，史实却只能有一个。虽然我们无法判断哪个是史实，但却可以判断哪个记载更贴近史实。

此外关于秦始皇的姓名，《史记》的《秦始皇本纪》和《楚世家》等都说叫赵政，但是在汇集了《史记》早期原文和战国时期的外交故事的《战国策》的注解中却称他为"赵正"。或许人们会想，名字用"政"还是"正"关系不大。但这是一个后来做了秦王乃至皇帝的人。由于中国有避皇帝名讳的习惯（死者的名字称作"讳"，文书中要回避使用这个字，而用其他字来替代），因此秦始皇的名字是哪个字就变得很重要了。秦始皇出生时，并没有人能确定他将来要做秦王，更不要说做皇帝。这样一个人做了皇帝后，他的名字在历史中是如何流传的呢？如果传下来两个不同的名字，哪一个是他的真名？这是一件饶有趣味、值得探究的事。

为了进一步接近秦始皇出身的真相，我们有必要将散见于《史记》各篇的记载整合起来去读。

长平之战

长平之战发生在秦始皇出生的前一年——昭王四十七年（公元前260年），白起将军率领秦军歼灭了多达四十五万的赵国士兵，并用欺骗手段将他们活埋坑杀，这是一场极其惨烈的战争。在战争爆发前，在长平东北约150千米远的赵国都城邯郸，韩国（还有一种说法是卫国）的大商人吕不韦和秦国的王子子楚相遇了。不久，长平之战爆发。

我们不清楚，经验丰富的秦国老将军白起在这场战役中，是如何成功偷袭赵国青年将军赵括的军营，并将四十五万赵国士兵活埋的。战国时期，士兵参战的目的是取敌兵首级，按照首级的数量获得相应的爵位，但是即便如此，四十五万人也实在是太多了。《史记·六国年表》记载，昭王四十七年，"白起破赵长平，杀卒四十五万"；《秦本纪》也记载说"四十余万尽杀之"。此外，在记载受攻击一方——赵国历史的《赵世家》中则说"卒四十余万皆坑之"，我们由此知道前两篇中的"杀"指的就是"坑杀"。总之，白起是用欺骗手段击败赵国军队的。

白起将军在昭王四十八年（公元前259年）攻打武安时最终失势。在属于这一时期的史料睡虎地秦简《编年记》中有"（昭王）卅八年，攻武安"的记载。且秦国出身的白起将军和魏国出身的丞相范雎之间发生了权力斗争，白起失败，昭王五十年（公元前257年）被削夺全部官职、爵位，判为死罪。白起临终时，把自己陷入死罪的原因归结为："赵卒降者数十万人，我诈而尽坑之，是足以死"，然后自杀身亡。他内心不仅不觉得消灭敌人四十五万的战果是件值得夸耀的事儿，反而认为出于战术考虑将年轻的赵国士兵活埋是一种罪过。四十五万的数字很可能被夸大了。在这场战役中，秦国征发的十五岁以上的年轻士兵也死伤过半，令人哀恸。尽管如此，秦国的民众仍然相信白起是冤枉的，对他的死感到痛惜。

长平之战的古战场遗址在1995年被发现。长平位于今山西省高平市永禄村，遗址中共发现十多个人骨坑，一个坑里埋着一百三十多个二十岁到四十五岁的男子。这个遗址的发现证实了《史记》的记载。坑中有被箭簇刺穿的大腿骨、似被钝器殴打而凹陷的头盖骨以及有刀痕的人骨。此外还发现了六十具头骨分离的遗骨。秦国士兵对赵军如此深的仇恨是从哪儿来的呢？反过来看，秦军这种毫无仁慈之心的凶残行为也一定会激起赵国人深深的悲愤和怨恨吧？就在此时——秦赵关系极端恶化的时候——秦始皇在赵国都城出生了。

质子的价值

质子的"质"是贡品（礼物）或人质的意思。春秋战国时期，各国之间经常以储君太子或其他公子为质子，进行交换。秦昭王就曾经被送到燕国做质子，昭王的悼太子也曾到魏国做质子，并死在那里，遗体被送回国，归葬到秦国的王族墓地。两年后，昭王的次子安国君接替已故的悼太子，做了太子，他就是后来的孝文王，即秦始皇的祖父。（图1-1）

秦国也迎入别国的质子。昭王四年（公元前303年），楚怀王的太子到秦国做质子，因和秦国的大夫发生私斗，楚国太子杀死对方潜逃回国。这个事件成为导火索，引发了秦国和楚国之间的战争。昭王八年（公元前299年），楚怀王被秦国囚禁，随后楚怀王在齐国做质子的太子回到楚国，即位为王。类似的例子还有燕王喜的太子丹因在秦国做质子时受到冷遇，从而引发暗杀秦王政未遂的事件，关于此事后面会详细叙述。

当时有太子出国做质子的，也有质子回国后做了太

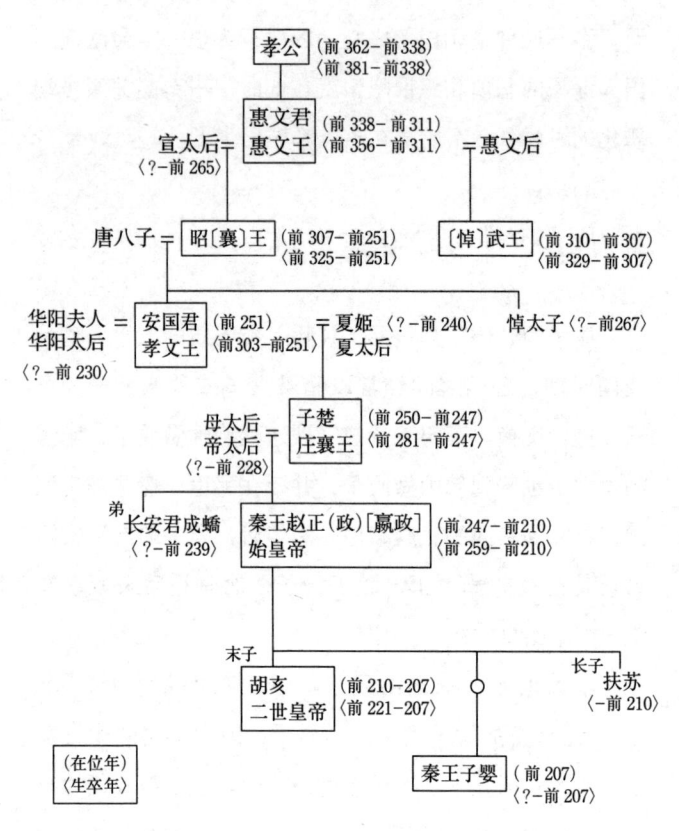

```
                          ┌─────┐ (前 362-前 338)
                          │ 孝公 │ 〈前 381-前 338〉
                          └──┬──┘
                             │
                      ┌──────────┐ (前 338-前 311)
          宣太后 ─┬── │惠文君    │ ──┬─ 惠文后
         〈?-前 265〉  │惠文王    │   (前 356-前 311)
                      └──────────┘
                             │
         唐八子 ─┬── ┌──────┐ (前 307-前 251)      ┌──────┐ (前 310-前 307)
                    │昭[襄]王│ 〈前 325-前 251〉    │[悼]武王│ 〈前 329-前 307〉
                    └──────┘                      └──────┘
                        │
  华阳夫人 ┌──────┐ (前 251)    ┌─ 夏姬 〈?-前 240〉   悼太子〈?-前 267〉
  华阳太后 ═│安国君│ 〈前 303-前 251〉 夏太后
 〈?-前 230〉│孝文王│
           └──────┘
                │
         母太后 ┌──────┐ (前 250-前 247)
         帝太后═│子楚  │ 〈前 281-前 247〉
        〈?-前 228〉│庄襄王│
                └──────┘
                    │
    弟  ┌──────────┐    ┌──────────────┐ (前 247-前 210)
      长安君成蟜    │    │秦王赵正(政)[嬴政]│ 〈前 259-前 210〉
      〈?-前 239〉       │始皇帝          │
                        └──────────────┘
                              │
                ┌─────────────┼─────────────┐
              末子                         长子
           ┌──────┐ (前 210-207)    ○    扶苏
           │胡亥   │ (前 221-207)         〈-前 210〉
           │二世皇帝│                │
           └──────┘                 │
                              ┌──────┐ (前 207)
   (在位年)                   │秦王子婴│ 〈?-前 207〉
   〈生卒年〉                   └──────┘
```

图 1-1 战国秦的谱系图 [a]

子的。不管怎样，在外做质子的经历一般都会给予他们在战国复杂的国与国的关系中生存下去的智慧，质子解救本国危难的事情时有发生。

a　编者按：见本书"人物介绍"。

安国君之子，即秦始皇的父亲子楚，也曾是质子。帮助子楚的是东方大商人吕不韦，他认为当时不得志的子楚是"奇货"，看好他的前途。蕴含巨大商机、有巨大升值空间的商品就是奇货。子楚客居邯郸时，被吕不韦的宠妾吸引，不久这个宠妾生下一个男孩，他就是秦始皇。这是紧接着长平之战众多赵国士兵被坑杀之后发生的事情。

两个父亲的真伪

《史记·秦始皇本纪》开篇就明确说，秦始皇是秦庄襄王的儿子。但是，《史记·吕不韦列传》却又说，秦始皇的父亲是东方大商人吕不韦。《吕不韦列传》记载，吕不韦知道和自己同居的宠妾怀孕了。不久，子楚受吕不韦之邀去他家中饮酒，子楚喜欢上这位宠妾，请求吕不韦把她送给自己，吕不韦听了大怒。但此时吕不韦为了能让子楚将来继承王位，已经倾尽家财，因此为了"奇货可居"，还是将宠妾献给了子楚。宠妾隐瞒了已经怀孕的事，前往子楚那儿，"大期"（十二个月）之后生下了政。

根据《吕不韦列传》的记载，秦始皇是在超过正常的十个月零十天或者二百八十天左右的妊娠期，即怀孕十二个月后出生的。从秦始皇出生的昭王四十八年正月往前数十个月，宠妾就应当是在昭王四十七年三月左右怀孕的。但事实应该是，与子楚相遇之后，宠妾便怀上了政。

然而，不知是谁，企图把秦始皇从秦国王族的血统中踢出去，于是把他说成是东方商人吕不韦的儿子，编造说宠妾在遇到子楚前就已经怀孕了。于是把出生的时间向前推了十二个月，这样，这个孩子就成了吕不韦之子。西汉的昭帝是怀胎十四个月出生的，被认为是奇异现象，传说中的圣人尧，据说也是怀胎十四个月后出生的。但是，秦始皇的情况和他们不同，编造者显然不是想把秦始皇的出生说成与众不同的圣人诞生，而是想贬低秦始皇的出身。东汉时编纂《汉书》的班固甚至用吕不韦的姓称秦始皇为吕政，他显然采信了《吕不韦列传》的记载。那么，究竟是谁极力渲染秦始皇出生之谜，把他说成是吕不韦之子呢？

解答这个问题的线索在《史记·春申君列传》中，因此，我们把时间稍微往前追溯一下。楚国的春申君黄歇是战国四君子之一。四君子中的其他三个人分别是齐国的孟尝君田文、赵国的平原君赵胜和魏国的信陵君无忌。他们都有广阔的封地，召集了来自各国的数千名食客，掌握着凌驾于各自君主之上的权力。由于孟尝君出生的时间较早，可以说同时代的文信侯吕不韦和其他三人才是并驾齐驱的四君子。

四君子中的春申君黄歇和吕不韦的经历十分相似。自楚考烈王（公元前263—前238年在位）为太子时起，春申君就和他成为利益共同体，二十五年来一直担任令尹（丞相），服侍考烈王，掌握着楚国的政治。（参看图1-2）吕不韦则服侍了庄襄王和秦王（秦始皇）两代君王，担任了十四年相邦（丞相）。据说，由于考烈王一直没有嫡世子，赵国的李园把妹妹嫁给春申君，待她怀了身孕后，把她进献给考烈王做了王后，这个王后生下了太子，即后来的楚幽王。这件事很可能是平原君赵胜背后操纵的。据载，李园担心这件事被发现，于考烈王二十五年（公元前238年）在楚国杀死春申君。秦国则在同一年爆发了后文将要谈到的"嫪毐之乱"，它成为吕不韦失势和自杀的导火索。

但事实上春申君的敌人不是李园，而是在哀王即位两个月后偷袭杀死哀王的那伙人，哀王是李园的外甥、幽王的同母弟（同一母亲所生的弟弟）。这伙人拥立的是楚国最后一代王——负刍，亦即楚幽王同父异母兄弟。他们为了贬损幽王、整垮春申君，散布了春申君是幽王父亲的流言。同样，散布吕不韦是秦始皇父亲消息的人，也应当是那些想彻底清除吕不韦和嫪毐两大势力的人。此后，取代吕不韦、嫪毐辅佐年轻秦王的，是以

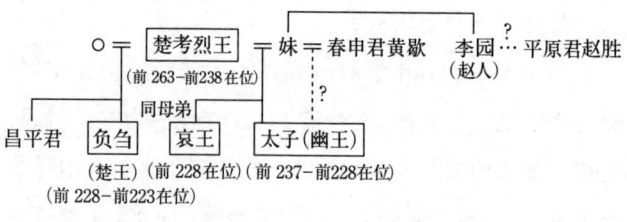

图1-2 楚王与春申君

楚国公子身份任秦国相邦的昌平君和出身楚国地方官吏的李斯。

赵政与赵正,两个名字

我们再把时间拉回来,看看秦始皇出生的背景。《史记·秦始皇本纪》开头是这样记载的,秦始皇"以秦昭王四十八年正月生于邯郸。及生,名为政,姓赵氏"。但是,正月出生与"政"的名字联系不上。若先谈结论,恐怕是因为司马迁把"正月出生,所以起名叫正"的"正"字误写成了"政",这给后世《史记》的注释者们造成了混乱。谁也不会想到正月在邯郸出生的这个孩子后来竟然做了皇帝。当时肯定是为了方便,直接用正月的"正"做了名字。但是把他当作战国的统一者来描述的司马迁却不是这样想的。

我们目前见到的《史记》文本都是刊本(印刷本)

时代的本子，即10世纪北宋以后在纸上印刷的本子，一般以出版者或者出版机构命名，称为某某本。刊本《史记》主要有南宋黄善夫（私刻）本（参看第三章篇章页），元代彭寅翁（私刻）本，明代汲古阁本、凌稚隆《史记评林》本（参看第四章篇章页），清代武英殿本（参看第二章篇章页）、金陵书局本、现代中国的中华书局本等等。现在中华书局修订本（2014年，参看第八章篇章页）是最新的本子，使用起来很方便。这些本子中秦始皇的名字都写作"赵政"，看不到赵正的说法。《史记》的《世家》记载了那些被秦国征服的国家的历史，其中也称秦王"政"或者秦王"赵政"即位。

在印刷本《史记》时代之前，《史记》是用毛笔在纸上书写的抄本（写本），时间大致从南北朝时期开始到唐代，即从5世纪到10世纪初。这个时期还出现了三本注释《史记》的书，即5世纪南朝刘宋裴骃的《史记集解》、8世纪唐代司马贞的《史记索隐》和唐代张守节的《史记正义》。日本残存下来的写本时代的文本比中国多，这是因为中国进入印刷时代后，日本依旧延续着写本文化。东京国立博物馆所藏唐代《史记·河渠书》残卷就是《史记集解》本。写本《史记》从唐代开始传入日本，在平安时代被广泛传抄，现在仍然残存有11、12世纪的写本。公益财团法人东洋文库所藏写本

《秦本纪》也是《史记集解》本。(参看本章篇章页)

我们可以间接知道,在写本《史记》时代有将"赵政"写作"赵正"的文本。《史记集解》引用4世纪时徐广的《史记音义》,说他见到的一个《史记》文本写的是赵正。此外还引用大约公元3世纪时宋忠的说法,说因为秦始皇是元旦(一月一日)出生的,所以取名为"正"。4世纪时还有写作"赵正"的《史记》文本存在,这一点不容忽视。唐代的司马贞列举了秦始皇生于赵国故名赵政的说法,以及秦与赵共同的祖先以赵城为荣,故名赵政的说法,但另一方面他又说,秦二世皇帝时为了避秦始皇名讳(死者的名字)的"正"字,将正月改为端月。"端"在这种场合不是"开头"的意思,而是"正确"的意思,像这样用同义字来替换本字的做法叫作"避讳"。这实际上等于承认秦始皇的名字是"正"。

同为唐代人的张守节,对《史记》关于秦始皇因出生在正月元旦故名"政"的记载煞费苦心地进行了解释。其结论是,为了避讳秦始皇名字"政"的发音,特意下令改了正月的发音。但是这是曲解。张守节误以为唐代的汉字音也适用于秦始皇时代的上古音。唐代中古音的汉字有平声(高平)、上声(尾音高)、去声(尾音低)、入声(辅音结尾)四种声调。"正"和"政"的音完全相同,但在音的抑扬上,却一个是平声,一个是去声。平声相当于六朝时期传入日本的吴音"正"（shou），去声相当于唐代的汉音"正"（sei）。"端正"的"正"（sei）是去声，尾音向下，"正月"的"正"（shou）读作高平的平声。即便在现代汉语的发音中，"端正"（duānzhèng）的"正"仍是第四声，"正月"（zhēngyuè）的"正"是第一声，延续了古代的发音。但是，在秦始皇时代，不可能为了回避名字中"正"的去声，而将"正月"的"正"读为平声。吴音是南朝都城所在江南的发音，汉音是唐朝都城长安附近的西北发音。无论是吴音还是汉音都无法追溯到秦代。

司马迁的用意

序言中提到，由于新出土的《赵正书》竹简文书的发现，我们第一次知道在司马迁《史记》成书之前就有将秦始皇称作赵正的文献。据说，《赵正书》和《史记》一样都是武帝时期成书的，但前者时间稍早（虽然现在无存，但《史记》在当时也是编联的竹简文书）。司马迁很可能也知道这本书的存在。无论如何，秦始皇因为是正月出生故名赵正的看法最为简单明了。若这样来考虑，司马迁把"赵正"改为"赵政"的可能性就很大了。虽然是否是元旦出生，尚没有充足的证据，但《赵正书》记载的是秦王赵正的晚年故事，而且不承认秦王是皇帝。司马迁竟然把"赵正"篡改为"赵政"，应当是想通过这一举动来提高秦始皇的权威吧。"政"是"政事"的意思。（在中国古代，一般用"政事"，而不用"政治"这个词。）

　　汉代司马迁的本意或许就是这样也未可知，但是，秦代尚未使用表示"政治"意思的"政"字，而是用"正"字来代替。北京大学所藏竹简中除了汉简外还有秦简，这些秦简文书中有"从正之经""清洁正直"的句子。江陵王家台秦代竹简中也有"正事之常"的句子。"从正"就是"从政"（取政治之义），"正事"就是"政事"的意思。正直的"正"和正事的"正"意思不同，像后者这样，秦代的"正"也假借（借用读音相同意思完全无关的字）作"政"使用。司马迁是在阅读了现已不存的秦国国史《秦记》后写成《六国年表》的。《秦记》是秦国的简明大事记，《秦本纪》《秦始皇本纪》的纪事也部分参考了《秦记》。若按照秦文字的使用方法，《秦记》中一定写作"赵正"，而不是"赵政"。《史记·秦本纪》最后一部分引用了《秦记》："庄襄王卒，子政立，是为秦始皇帝。秦王政立二十六年，初并天下为三十六郡，号为始皇帝。始皇帝五十一年而崩。"在《秦本纪》所依据的《秦记》原文中，"秦王政"也一定是写作"秦王正"。顺带提及,《秦本纪》最后一句"五十一年而崩",在日本残存的写本中作"立十一年而崩"。(参见本章篇章页)相比五十一岁驾崩(实际上是五十岁零七个月),皇帝即位十一年后驾崩(实际是十一年零几个月)的写法更符合原文的风格。在写本时代,误写在所难免。应当是因为字形相近,才将"立"误写成了"五"。有意思的是,中国的中华书局修订本已根据日本的写本重新做了修订。

即使秦始皇赵正的"正"是他的名字,但是,秦始皇活着时不一定会采取避讳。秦始皇死后,在其子秦二世统治时期,正如周家台秦墓简牍出土的二世皇帝元年历谱(日历)木牍所见,"正月"已被刻意改为"端月"。这与《史记·秦楚之际月表》中的"二世二年端月""三年端月"一致。另一方面,出土的秦始皇时期的文书一般仍写作"正月",只有秦始皇在世时的文书睡虎地秦简中有的"里正"(村长)被改作了"里典",但秦始皇活着时并没有采取彻底地避其名讳的政策,直到死后才开始实行避讳。

生日占卜

睡虎地秦简中有名为《日书》的占卜文书,其中有根据生日的干支进行占卜的内容，名叫《生子》（图1-3）。当时一般循环使用从甲子到癸亥的六十个干支日来表示日期，根据孩子出生的干支日占卜孩子未来的吉凶。出人头地、长寿、富裕、宠爱、勇武等为吉，反之，贫困、疾病、孤儿、奴婢等为凶。现在看这只是一种迷信，但是通过这些内容却可以了解秦代的社会面貌。"乙亥生，利酒"，或者"丁酉生，嗜酒"等，占卜的是将来是否能够饮酒；"己卯生，去其邦"之类，表明战国时国家之间的人口流动很常见。老百姓对未来的期望是，男子成为上卿（大臣），女子成为邦君（王侯）的妻子。但现实中也有男子沦为人臣（奴），女子沦为人妾（婢）的情况。这是一个不讲家世出身，每个人都有可能成为奴婢、大臣甚至王后的时代，这就是秦始皇生活的时代。

在《日书·生子》的六十个干支日中，只有一个无论怎么看都给人突兀、不协调的感觉，这就是"丙寅生，武，圣"。所谓"圣"指拥有理想人格的人，尧、舜等上古帝王是理想的圣王，孔子也以圣者、仁者著称。后来在表彰皇帝秦始皇的刻石上也可以见到很多圣智、圣德之类的词语，看来秦始皇也把圣者视为理想人格。《日书》中说，不管他是谁、是什么身份，只要是丙寅日出生的，就一定会拥有武勇和圣智，但丙寅日出生的人很多，并非只有秦始皇。如果秦始皇是正月丙寅出生的，那么就是正月初三。

睡虎地秦简《编年记》中有"（昭王）卅五年（公元前262年）……十二月甲午鸡鸣时，喜产"的记载。记录一个地方官吏的生日，除了要记录干支外，还要记录鸡鸣（凌晨一至三时）之类的具体时刻。按照《日书》的说法，甲午日出生的喜将来应该是"勇武而有腕力，少兄弟"。但我们无从知道秦始皇的出生时间，史书记载没有详细到王族的出生日期。

甲子生少孤 乙丑生不武乃工考（巧） 丙寅生武圣

图1-3 睡虎地秦简《日书·生子》

吕不韦的谋策

让我们再回到历史走向中来。由于老谋深算的白起将军在武安之战时回国，年轻的将军们代替他率领秦军攻打邯郸城，结果以失败告终。秦军失败的重要原因是，魏信陵君无忌和楚春申君黄歇接受了赵平原君赵胜的请求，率领"多国救援部队"前来救赵（图1-4）。赵平原君、魏信陵君、楚春申君具有某些共性，即门下均召集了来自各国的多达数千人的食客，他们本人都身居丞相等要职，分别支持自己的国君，并开展诸侯国间的活动。当他们在邯郸会合时，商人吕不韦也正在邯郸城内活动。吕不韦肯定知道三君子的动向，他想借此机会，实现自己从商人向政治家转变的野心。

邯郸的战况愈演愈烈，王龁将军率领秦军包围了邯郸，赵平原君以三千"敢死队"一面迎击秦军，一面等待救援。魏信陵君的姐姐是平原君的夫人，因为这层关系，信陵君希望魏王出兵救援，但魏王迫于秦国的威胁没有答应。信陵君在食客的建议和活动下，成功地从魏王那里盗出了将军所持的半个虎符（将象征军队的青铜虎一剖两半的剖符），将魏的八万精锐部队派往邯郸。因为楚和赵是合纵同盟国，春申君也派了救援军。如果没有三君子的联合，秦军一定会攻陷邯郸，邯郸一旦陷落，子楚和赵正就可能在激战中被杀死。秦军未能进入邯郸，成了决定子楚和赵正命运的事件。

根据《史记·吕不韦列传》和《战国策·秦策》的记载，可以了解到吕不韦在此期间为秦国做了哪些工

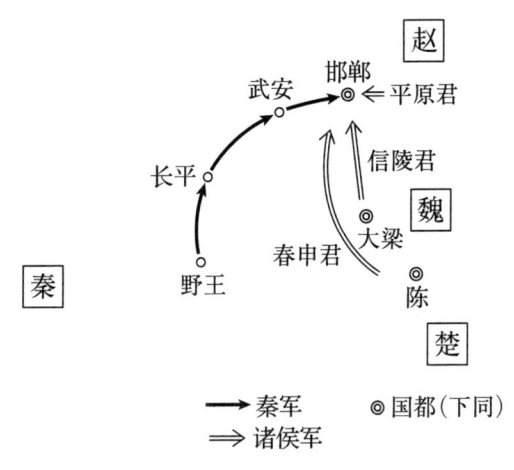

图 1-4 秦军与诸侯军进军路线

作。《史记·吕不韦列传》载,在秦包围邯郸前,吕不韦就已经通过华阳夫人的姐姐说服了没有子嗣的秦国太子安国君的正妃华阳夫人,让王子子楚做她的养子。由于这一活动是在赵正出生之前展开的,因此,这显然不是为了赵正,而是为了让子楚以后能当上太子。秦攻打邯郸的战役开始后,吕不韦贿赂看守子楚的官吏,让子楚从邯郸逃出来,平安地将其送到围攻邯郸城的秦国军队那儿。昭王死后,太子安国君即位为王(孝文王),回到秦国的子楚如约做了太子。

《战国策》中记载了一些《史记》没有记录的故事。吕不韦曾和父亲谈到为什么自己要帮助子楚。他说,从事农业的利润是十倍，买卖珠玉的利润是百倍，但若是立君主的话，可以获得无法估量的利润，这是自己从父亲那儿学到的。吕不韦游说华阳夫人的弟弟阳泉君，说如果让子楚做后嗣，阳泉君一族将来都会平安无事。为了取悦华阳夫人，子楚拜见华阳夫人时，吕不韦特意让子楚穿上华阳夫人故乡楚国的衣服。华阳夫人十分高兴，马上收子楚做了养子。

我们一般只关注《史记·吕不韦列传》的记载，但其实应该对《战国策》的上述记载给予更多的重视。西汉末年刘向整理的《战国策》以战国时期纵横家写给诸侯的书信集《纵横家书》为底本，它也是《史记》的史料来源。1972年，湖南省长沙马王堆西汉墓出土了大量帛书（书写在绢上的书），其中就有名为《纵横家书》的文献。

《史记·吕不韦列传》和《战国策》对吕不韦活动情况的记载不同，应当是因为当时流传着各种关于商人吕不韦让秦质子回国作战的故事。让出国的质子回国继承王位，对于要求人质的国家是件好事。反之，如果不让其回国，质子就成了空质，即没有价值的质子。国家间的关系状况改变着质子的价值。

总之，质子子楚一度被自己的国家抛弃，却在昭王五十年秦军团团包围邯郸时，成功地逃脱出来，回到自己的国家。赵正和母亲赵姬被留在邯郸，躲到赵姬的娘家得以活下来。秦军未能攻下邯郸，昭王五十一年（公元前256年），秦军转而攻打南边的新中，再度败给韩、魏、楚的"国际援军"。不久秦昭王亡故，安国君即位，子楚成了太子。在孝文王的二十几个孩子中，就是这样一个母亲为夏太后（秦王的母亲称为太后）、自己又身为中男（长子与幼子之间的子男）的庶子，一个距离王位相当遥远的人最终成了秦国的太子。子楚父亲的正妃华阳夫人成了华阳后。

吕不韦的如意算盘

战国七雄以合纵连横为中心开展外交活动，合纵指东方六国（燕、齐、韩、魏、赵、楚）纵向联合对抗秦国，连横指秦国为了破坏合纵，与六国中的某个国家结盟。虽然在秦昭王统治时期，东方六国一度建立合纵关系，但很快就瓦解了。吕不韦原本是在这种战时体制下从事跨国生意，积蓄了千金之财的大商人（图1-5）。千金相当于一千枚一斤重的金饼（圆形金）。

中国古代的数学发展水平很高。现存的《九章算术》是东汉时编纂的，全书由246个算题和解答组成，其中已经有了分数和比例、多元一次方程式等复杂的计

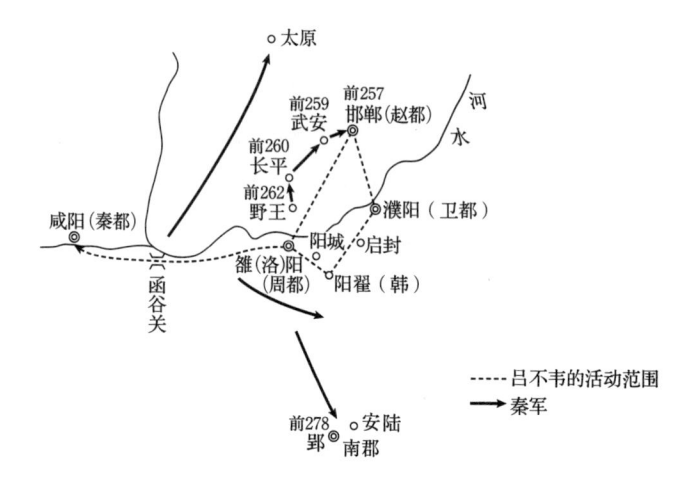

图 1-5 吕不韦的活动范围

算。西汉初期的张家山汉简中也有《算数书》，最近我们又见到了秦代的《数书》（岳麓秦简）和《算书》（北大秦简）。清华大学所藏楚简中还有流传于战国时期楚国的算数书。从秦代地方官吏墓葬中还出土了算筹。王家台秦墓中出土了六十根 62.5 厘米长、用竹子和骨头制作的算筹，周家台秦墓出土了二十五根 12.2 厘米长的算筹。数学是官吏必备的知识，当时把算筹排列起来，用以表示数字，进行计算。这本来应当是征税的官吏需要具备的数学知识，也成了被征税一方商人的智慧来源。

据《史记·吕不韦列传》记载，吕不韦送给身在邯邯的子楚五百斤黄金作为活动资金，购买珍贵的物品送往秦国，献给安国君的华阳夫人。通过这种手段，子楚得以成为养子，承继太子的后嗣。齐国的孟尝君曾献给昭王价值一千金的狐白裘（狐狸白色腋毛制作的毛皮），子楚献给华阳夫人的或许就是这类东西。这是《吕不韦列传》的记载，考虑到携带黄金通过边境关卡会有很大的损失，这样做很聪明。如果直接携带五百金进入秦国，那么大部分都会损失在关税上。

《九章算术》中有一道关于携带黄金通过关卡缴纳关税的算题。携带黄金的人总共要通过五个关卡，第一个关卡征收所携带黄金数额二分之一的税，下一个关卡征收余额的三分之一，其余三个关卡依次征收余额的四分之一、五分之一、六分之一，设问税额合计为一斤黄金时，最初携带的黄金重量是多少（《九章算术》卷六《均输》）。

如果把最初携带的黄金数额看作一，第一个关卡缴纳二分之一的税金后，还余二分之一；第二个关卡缴纳余下的二分之一中的三分之一作为税金，从原来的二分之一中减去六分之一还剩三分之一。以此类推，到第三个关卡时，余额与税率相同，为四分之一；到最后第五个关卡时，余额还剩六分之一。最终，所携带黄金的六分之五都被作为税金收走了。假如六分之五是一斤的

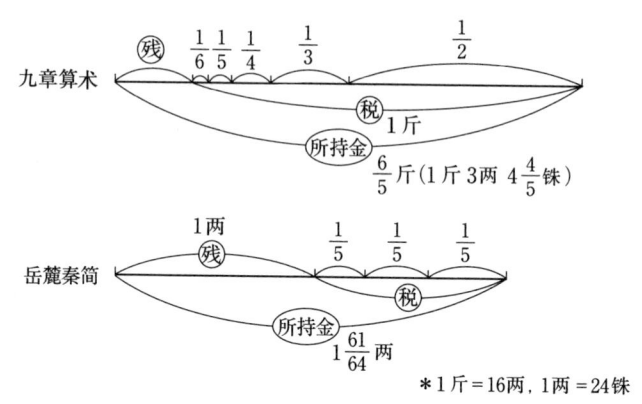

```
                  残  1/6 1/5 1/4   1/3          1/2
    九章算术    ⌒⌒⌒⌒  ⌒⌒    ⌒⌒⌒    ⌒⌒⌒⌒⌒⌒
                        税 1斤
                      所持金
                            6/5斤(1斤3两 4 4/5铢)

                1两            1/5  1/5  1/5
    岳麓秦简    ⌒⌒⌒⌒⌒⌒⌒  ⌒⌒  ⌒⌒  ⌒⌒
                  残              税
                      所持金
                        1 61/64 两
                            *1斤=16两,1两=24铢
```

图1-6 关税的计算

话，那么一斤的五分之六就是最初携带的黄金数额（图1-6）。

现在我们按照秦国一斤等于十六两、一两等于二十四铢这一复杂的重量单位进行换算。一又五分之一斤相当于秦一斤零五分之十六两，即一斤三又五分之一两，五分之一两相当于五分之二十四铢，即四又五分之四铢，因此，这道题的正确答案是最初携带的黄金为一斤三两四又五分之四铢。只携带了一斤多黄金，就被征一斤的税，税实在很重。

岳麓秦简《数书》中也有一道算题：总共要过三道关卡，每个关卡收五分之一的税金，最后剩下一两黄金，问原来携带了多少黄金。答案是一又六十四分之六十一两。解法是：如果每次征收五分之一，那么每次剩余五分之四，五分之四乘以五分之四乘以五分之四，积为一百二十五分之六十四，把分母、分子倒过来就是六十四分之一百二十五，即一又六十四分之六十一两。按这一税率，最初携带的黄金数额几乎减少了将近一半。很有商业头脑的吕不韦肯定不会干这样的傻事。他会避免直接携带五百金到咸阳。

秦始皇的母亲

秦始皇的母亲曾是吕不韦的宠妾，赵正做了秦王之后，她就被称作"母太后"，待赵正成为皇帝后，她虽然已经去世，但仍被尊称为"帝太后"。但是，像秦始皇母亲这样的人居然连姓名都没有留下来，这确实令人感到不可思议。史书只记载她是赵国豪门之女，是邯郸诸姬之一。据说，她姿容美丽，擅长舞蹈。此前秦国的王侯多从其他国家的王室迎娶夫人。太子或王从别国迎娶夫人的国家间的婚姻，从外交角度来讲是十分必要的。秦惠文王的夫人宣太后叫"芈八子"，芈是楚国贵族的姓氏，八子是地位仅次于夫人的秦女官的称呼。前面提到的孝文王夫人华阳夫人也是从楚国迎娶的。

司马迁这样描述赵女和郑姬（对赵国和郑国女子的

总称）的特征：她们化着浓妆，擅长弹琴，提着长长的衣袖，穿着尖尖的靴子，眉目传情，只要是有钱人家，不管是老是幼，都愿意嫁过去。据载，后来秦始皇的后宫中也充斥着郑、卫之女，热闹非凡。其中美丽娇媚的赵女最为知名。据说，紧靠赵国北部的中山国也继承了殷纣王以来的淫乐传统，中山国的女子擅长鼓瑟，穿着靴子，向富贵的人出卖媚相，出入各国的后宫。这些中原女子特别受欢迎，据说人们只要听到郑卫之音，就会产生淫乱之心。所谓淫靡之乐，不是传统的宫廷雅乐，而是演唱男女恋爱的歌曲。出身赵国的秦始皇之母，和出身楚国王族的宣太后以及华阳夫人身份不同。把她纳为宠姬的吕不韦在当时是个商人，他没有选择大国，而是选择距郑国较近的韩国阳翟（据《吕不韦列传》）和卫国濮阳（据《战国策》）作为自己的基地，往来于这两地与赵国邯郸之间（图 1-5）。秦咸阳宫遗址中出土了绘有女子的壁画残片。这些女子看起来像是倡优（演员），脑后梳髻，正面而坐，挥舞着宽大的袖子，来回摆动，她们或许就是来自郑、卫或赵的女子。

要想从秦始皇母亲出身的角度了解秦始皇，就必须关注东方的小国郑、卫，以及秦始皇的出生地——赵国。战国时期，除了七雄（秦、韩、魏、赵、燕、齐、楚）外，还残存着郑（公元前 375 年被韩所灭）、卫（公元前221年被秦所灭）、宋（公元前286年被齐、楚、魏所灭）、鲁（公元前256年被楚所灭）、中山（公元前296年被赵、齐、燕所灭）、蜀（公元前316年被秦司马错所灭）等小国。

总之，赵正就这样，伴随着秦王王位继承的问题降生了。本书中没有使用《史记》记载的"赵政"的名字，而称其为"赵正"。

第二章

秦王即位
——帝王诞生的背景（十三岁）

图片说明：《史记》卷八十五《吕不韦列传》（武英殿本，清代，18世纪）
武英殿位于北京紫禁城内西南。武英殿本《史记》是乾隆时期刊行的书籍昭王统治多年后死去，继任的是两任短命君主：即位仅三天就去世的孝文王和在位三年多的庄襄王。所以，赵正年仅十三岁就即位做了秦王。两任王在位时间如此短，不得不令人生疑，但是他们最亲信的吕不韦并没有留下任何令人怀疑的证据。不过，出土史料《编年记》中记载了《史记》中没有的新史实。

秦历以冬季十月为一年之始。《史记》记载孝文王是在公元前251年十月即年初的某三天即位的，而出土史料《编年记》却说是在年终的闰九月。即位后要从次年的十月改年号为元年，如果是闰九月即位，孝文王元年就从紧接着的十月开始，而此时孝文王已经不在人世了。那么，主张元年从什么时候开始到底有什么意义呢？

另一方面，赵正五月即位为秦王，之后在十月改年号为始皇元年[a]（公元前246年），并开始了两项大规模土木工程：营建自己的王陵，同时引进外国技术，兴建大规模灌溉工程。这两项工程是为了向国内外郑重宣告十四岁年轻国王的存在，但也由此引发了一个重大事件，即发觉来自韩国的技术人员郑国是个间谍。根据《史记》的《河渠书》和《李斯列传》记载，由于秦王积极任用其他国家的人，引进别国技术，在秦人内部出现了抵制势力。但《史记·秦始皇本纪》中却完全没有

---

[a] 译者按：准确地说应为"秦王赵正元年"。

提及间谍事件。它只记载说，发生了拥有众多食客的嫪毐和吕不韦两大势力反对秦王的事件，秦王因此下令驱逐他们门下的别国食客，于是李斯上书反对秦王的逐客令。到底哪个才是真相呢？

回国

关于赵正从邯郸逃回秦都咸阳的时间，一种说法是在昭王五十年，赵正年仅三岁时；一种说法是在他九岁时，他们母子比父亲子楚晚回国。《史记·吕不韦列传》的记载也摇摆不定，但后一种说法更为合理。昭王五十年，王龁将军率秦军围攻邯郸，这肯定会给在赵国做质子的子楚及其妻儿带来危险。赵国本来打算杀死子楚及其妻儿，幸运的是子楚的夫人出身赵国豪门，她的家族帮助他们躲藏起来。如前所述，吕不韦又用六百金买通了看守的官吏，让子楚得以逃到秦军军营。

《战国策》中还保留着另一个版本的故事。吕不韦和赵国的某个人物进行交涉。当时已经约定让子楚做没有子嗣的华阳夫人的养子。如果让他回国，将来就会成为太子，因此，与其把他留在赵国一无用处，不如让他为赵国所用。于是赵国同意让子楚回国。商人吕不韦利用自己的人脉做成了这笔交易。

子楚回国时，秦始皇六十九岁高龄的曾祖父秦昭王的统治仍在继续。安国君虽说是太子，但已经四十七岁了，迟迟不能继承王位。安国君也一定考虑过昭王死了以后该怎么办，所以才约定以子楚为嫡嗣。安国君和华阳夫人两个人做了一个玉符，在上面刻上约定的内容。这样安国君的其他儿子将来就不能继承王位了。

赵正也逐渐意识到，如果父亲子楚做了秦王，母亲做了正夫人的话，最终王位会轮到自己。昭王五十六年（公元前251年），秦始皇的曾祖父昭王驾崩，王位终于传给祖父安国君。父亲子楚也按照约定成了太子。

两任秦王之死

据《史记·秦本纪》记载，昭王在昭王六十五年秋天亡故，安国君孝文王为先王服丧期满，于十月己亥日即位，时年五十三岁，但在三天后的辛丑日死亡。这是发生在孝文王元年年初的事。秦王即位仅三天就死了，这背后到底发生了什么？《秦本纪》完全没有记载，但是从对孝文王猝死的应对中可以发现一些端倪。出土史料睡虎地秦简《编年记》为此提供了重要线索（图2-1）。其中"五十六年，后九月，昭死"的记载提供了一个新的史实：昭王在十月之前的一个月即闰年年末的

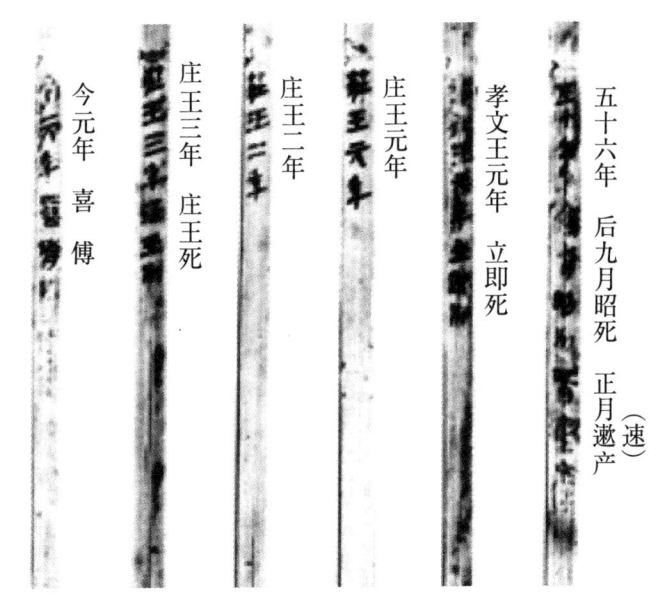

图 2-1 睡虎地秦简《编年记》
"今元年"指秦王赵正元年。《编年记》还记载,被葬者的名字叫"喜",17 岁在户籍上登记(傅),同族中叫"遫"的孩子出生

后(闰)九月已经死了。

这一年在九月的后面又设了一个九月,共有十三个月。《编年记》记载昭王后九月去世,这意味着孝文王即位可能也发生在后九月。根据历表,在《史记》所说的十月中既没有己亥日也没有辛丑日,但在《编年记》所说的后(闰)九月中却有己亥日(后九月二十八日)和辛丑日(后九月三十日,年终最后一天)。由此可以

判定，孝文王是在昭王五十六年年末倒数第三天即位的，死于年末最后一天。

孝文王去世后，庄襄王同时即位，但由于孝文王的即位更受重视，因此从年初十月开始到九月截止的这一年称为"孝文王元年"。由于《编年记》中有如下记载："孝文王元年，立即死"，可知当时并没有隐瞒孝文王即位后很快就去世这件事。如果我们考虑到孝文王不即位，庄襄王和秦王赵正就不能即位，那么就能够理解在昭王五十六年和庄襄王元年之间插入孝文王元年的做法了。再考虑到历史上一直保有对秦王赵正血统问题的猜疑，这样做也合乎逻辑。为仅做了三天秦王的孝文王建造的王陵被称作"寿陵"。寿陵至今没有被发掘，它远离昭王和庄襄王的王陵区，孤零零地残留在西安市区内。

庄襄王也在即位三年后，即庄襄王三年（公元前

图2-2 秦始皇肖像
17世纪的《三才图会》描绘的秦始皇。秦始皇时期的肖像没有保留下来，这是后世刻画的暴君像

247年）五月丙午（五月二十六日）死去，死因不明。这对支持庄襄王的吕不韦来说是突发状况，于是，赵正匆忙踏上了即位秦王之路。由于两任秦王的猝死，十三岁的赵正终于如吕不韦所愿，登上了王位（图2-2）。

秦王即位

赵正十三岁即位，比十九岁即位的惠文王、悼武王和昭王还要小。当然，若和他祖父孝文王五十三岁、父亲庄襄王三十二岁的即位年龄相比就更小了。十三岁的秦王若在普通百姓看来，不过是一个尚被称作"小男子"的孩子。正因为如此，赵正虽然即位做了秦王，但国政却被委托给大臣。少年秦王的年号，从即位的第二年开始称元年。

在秦国，普通百姓判断一个人是孩子还是大人的标准首先是身高，而不是年龄。男子六尺五寸、女子六尺二寸以下算作儿童，即被称为"小男子"或"小女子"。汉代也将十四岁以下视为未成年儿童，所以十三岁的秦王属于"小男子"。在秦国，成为一个男子的年龄是十七岁，长到十七岁后要作为"男子"登入户籍。

幼年即位的周成王曾将朝政委托给叔父周公旦。周公旦掌管朝政七年，直到成王成年。周公旦和召公（燕国的始祖）监护着年幼的成王。赵正即位秦王时的年龄和成王相仿，也是在十三岁到约二十二岁之间得到相邦（丞相）吕不韦的辅佐。在政令施行方面，有时形式上也采取母太后（赵姬）代行的方式。

秦王赵正继承的秦国领土，很大一部分来自侵占东方六国中与秦接壤的韩、魏、赵、楚四国的领土。秦在魏地设置了河东郡，在赵地设置了太原郡，在韩地设置了上党郡，在原来的周地设置了三川郡，在楚地设置了南郡。郡县制的郡是统辖县的地方行政组织。在战国时期，郡是侵略敌国领土后用以统治其占领地的根据地。有了这些郡，再加上巴蜀、汉中（汉水上游）之地，秦国就不再是一个局限于关中（夹在东面的函谷关和西面的陇关之间，或者被东面的函谷关、西面的散关、北面的萧关和南面的武关包围的地区）的小国。秦王赵正从曾祖父昭王那里继承的就是这样一片广阔的领土。

间谍事件与逐客令

年少的秦王即位后，身边发生了不可思议的事。郑国是韩国间谍的身份被拆穿，不过事件的真相已很难判断。韩国在七国中算是小国，一直面临着邻国秦的威胁。它派遣"水工"（当时对水利技术人员的称呼）郑国到秦国，从秦王即位的第二年即秦始皇元年开始修建水利工程。这件事本身是韩国向秦国输入先进技术，没有任何问题。当时秦王还同时开始了修建自己陵墓的土木工程。秦王还是少年，不可能直接指挥这两项工程，它们一定和辅佐秦王的行政首脑相邦吕不韦有关。

营建陵墓是一项制度。新王即位后，首先要埋葬先王，然后从第二年年初开始营造新王的陵墓。在汉代，尚未埋葬的陵墓叫初陵，皇帝埋葬后称作长陵（西汉高祖陵）、茂陵（武帝陵）等等。君王从活着的时候开始建设陵墓，并不是件需要特别忌讳的事。秦王此时还不是皇帝，所以陵墓开始时是作为王陵而不是皇帝陵建造的。由于曾祖父母和父母都葬在骊山西麓叫"芷阳"（东陵）的地方，所以秦始皇将自己的陵墓选定在骊山北麓。

营建陵墓工程首先是向地下深挖墓穴。后文将提到，在秦始皇陵东面的兵马俑坑中出土了刻有"相邦吕不韦造"文字的青铜制武器（图2-3）。《史记》中写作"相国吕不韦"，但"相邦吕不韦"才是正确的叫法。汉代为了避高祖刘邦的讳，将"相邦"改为"相国"。我们可以从铭文窥见吕不韦与秦始皇陵之间的联系。当然也可以想象郑国与吕不韦的关系。

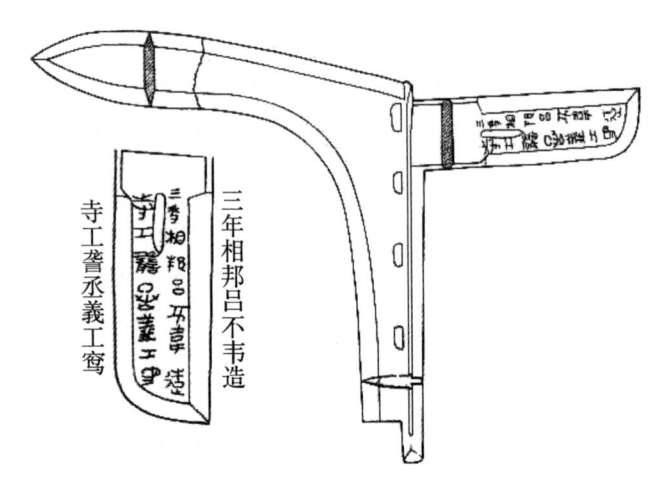

图 2-3 "相邦吕不韦造"铭戈（出自《秦始皇陵兵马俑坑——一号坑发掘报告 1974~1984》，文物出版社，1988 年）

郑国主持的水利工程开展九年后，爆发了嫪毐之乱（详见下章）。据说，不久，水工郑国实际上是韩国间谍一事就被发现了。这个事件在《史记·秦始皇本纪》中完全没有提及，但在综述水利历史的《河渠书》以及《李斯列传》中可以看到。根据《河渠书》的记载，秦本来要杀死郑国，但郑国为自己做间谍一事进行申辩，称水渠（灌溉水路）完成后秦国会受益，他因此得以活命。《河渠书》中没有提到旨在驱除所有别国人（客）的"逐客令"。

《孙子·用间篇》详细记载了战国时期从别国秘密

获取情报的间谍活动，并列举了五种类型的间谍。派往敌国的间谍分两种，冒死带给敌国假情报的叫"死间"，活着获得敌国绝密情报的叫"生间"。利用敌国人做间谍的也分两种，利用普通人的叫"因间"，利用官吏的叫"内间"。最后一种是利用敌国间谍的，叫"反间"（双重间谍）。但郑国不属于上述五种中的任何一种，据《河渠书》记载，郑国的目的是阻止秦"东伐"的军事行动。他让秦国首先开展土木工程建设，而不是军事行动。然而，即便是在同时开始的陵墓营建中，秦国所用的劳动力也是刑徒，土木工程并没有给普通成年男子组成的秦国军力造成大的阻碍。

另一方面，据《李斯列传》记载，借郑国间谍案发难，以此为由要求驱逐所有来自其他诸侯国"客人"的是秦的宗室（王族）和大臣。当时在秦国有很多别国人，很难判断他们谁是"生间"，谁是"死间"。秦的宗室和大臣为了保护自身安全，请求下达将所有东方国家的人都驱逐出境的逐客令。然而，当时有众多其他诸侯国的人在秦国，这种做法显然是不现实的。

下逐客令的起因恐怕不是郑国间谍事件，如《秦始皇本纪》所载，应当是嫪毐之乱。《秦始皇本纪》记载，逐客令是在嫪毐之乱的第二年即秦始皇十年（公元前237年）颁布的。当时，年轻的秦王赵正意识到拥有众多宾客、食客的嫪毐和吕不韦的权势已经凌驾于自己之上，因此他下决心搜查这些食客，将他们驱逐出去。李斯本人是楚人，先做了吕不韦的舍人（居住在主人家中服杂役的人），后来担任秦国的官吏。此时李斯已位居客卿高位，正是逐客的对象。他因此上书反对逐客。由此推想，《李斯列传》是把《河渠书》与《秦始皇本纪》的不同记载简单地糅合在一起了。事实上，清代注释家梁玉绳已经指出，逐客令与郑国无关，而是起于嫪毐之乱（《史记志疑》）。

无论如何，李斯上书所写的七百多字是一篇上佳的文章，很有说服力。他认为，秦国在物资和人才都很匮乏的情况下，之所以能够打破东方六国的合纵同盟，在经济、人口、军事方面保持优势地位，就是因为历代秦王都积极引进别国产品和人才。他说，现在从陛下身上佩戴的玉和珍珠，到黄金和丹青（红色和绿色的颜料）彩绘的日常器具，乃至后宫的郑卫之音和后宫的郑女，到处都充盈着别国的东西。秦王见到李斯的上书，马上撤销了逐客令。这件事巩固了李斯在秦国的政治地位。

可以看出，此时的秦王完全理解李斯这番话的意思，并根据自己的意志做出了判断——他已经无法再依赖嫪毐背后的吕不韦了。虽然郑国差一点被杀，但秦王被郑国之前的那番话所打动，于是让他完成了这项工程。这些都是刚刚长大成人的秦王做出的决断，嫪毐之乱和郑国间谍事件也是秦王为了成为一个独立的君王所经历的试炼。秦王赵正和取代了吕不韦地位的李斯一起，开始走上帝王之路。

郑国渠水的润泽

韩国人郑国主持的水利工程成功了，后世将它称作"郑国渠"。令人震撼的是，古代的郑国渠经过两千二百多年，至今仍在使用（图2-4）。这真的是一个"间谍"的成就吗？

它现在叫"泾惠渠"，渠水灌溉着小麦、玉米、棉花等旱田作物。泾水从仲山的山谷间流入关中盆地，最后与渭水合流。泾水与渭水自古以来就被相提并论。

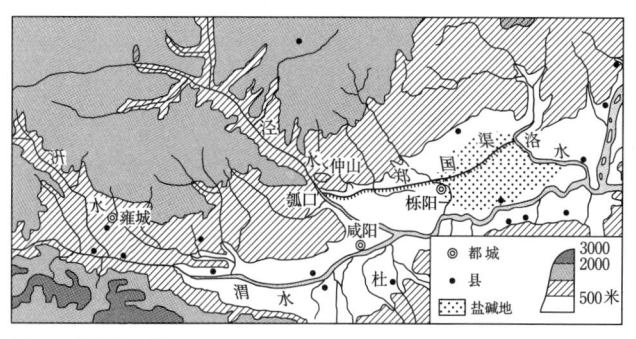

图 2-4 郑国渠地图

卫地《谷风》诗歌中有这样一句："泾以渭浊"（《诗经·邶风》），意思是正因为浑浊的泾水和清澈的渭水汇合，水质才变得更加浑浊。泾水水流落差大，流速快。但东西向横贯关中平原的渭水却流速缓慢，由于水流缓慢，泥沙在河床沉积，河水十分清澈。渭水南面有来自秦岭山脉丰富的水资源滋养，但渭水北边的平原却很干燥，所以需要建造水渠进行灌溉。

泾水从山上降到平地后，马上弯曲改变流向。由于这一地形酷似瓠（葫芦），所以此处称作瓠口。即使在春天枯水期，河水也会由于离心力的作用沿着凸面的外侧流淌，人们很容易从灌溉水渠中取水，所以瓠口被选为郑国渠的引水口。但由于黄土高原土质疏松，很快被侵蚀，泾水的河床逐渐低于耕地。为了克服这一落差带来的问题，人们不得不将引水口逐渐向上游移动。秦汉以来直至宋元明清的历代引水口依次向上游排列。现在的引水口位于最北端的水坝上。1985年，在郑国渠引水口附近发现了一块与水流成直角、全长2 650米的版筑（将夹在两块板之间的土按水平方向反复夯实）遗迹。推测可能是水坝，将水截流，通过提升水位进行引水。如果真是这样，那么，在古代就已经开始建造水坝了。水压问题则借鉴了修建长城或城墙等的先进土木技术。

水渠沿着叫作"北山"的山脉一直向东注入洛水，

长达三百余里，灌溉盐碱地四万余顷。受到河水的恩惠，每亩地的产量从普通的一石半增至一钟，即六斛四斗。遇到丰年，产量还会提高。干旱地区种植的谷物主要是粟和小麦。司马迁说，由于郑国渠的修建，关中日渐富庶，秦国才能够凭借其经济实力吞并诸侯。

在干旱的土壤条件下，地下水位上升，盐分会涌到地表。利用泾水的泥水将盐分冲走，并进行灌溉，这就是郑国渠的智慧所在。当地还修建了用以灌溉的排水沟。灌溉水存积到旱田后，会诱发地下水位上升。如果将排水沟设计在比灌溉水渠低的位置，地下水就不会漫过排水沟，可以防止盐碱化。秦时是否已有这样的智慧，我们还不确定。

郑国渠所使用的水利技术也被运用到同时期建设的秦始皇陵地下宫殿中（详见第八章）。地下宫殿工程是在骊山北麓平缓的斜坡上向下深挖，但挖到十五六米时出现了地下水渗透。由于地下宫殿深近三十米，为了将渗透的水排出，设计者就在更深处设置了排水沟。如果挖的深度超过三十米，水就会存积在排水沟里。由于修建在缓坡上，地下水缓缓地向北流淌。地下宫殿一建造完成，这个地下排水沟就用土埋上，作为地下水坝。

像郑国渠和秦始皇陵这样建造地上和地下水坝的构想，来源于从东方大平原（黄河、长江中下游的广阔平原）传入的先进水利技术。秦很早就开始从东方引进人才和技术，东方大商人吕不韦作为相邦在这方面起了引领作用。这些情况也表明，必须重新思考《史记·河渠书》和《李斯列传》记载的郑国是间谍的说法。

第三章

嫪毐之乱
——彗星之语（二十二岁）

图片说明：《史记》卷六《秦始皇本纪》秦始皇九年（南宋，12世纪，黄善夫本）

宋代将三种注释本汇集在一起后首次刊行的印刷本

迎来成年的秦王遭遇了一场堪称秦国危机的"嫪毐之乱"。《史记·吕不韦列传》是这样描写嫪毐的：吕不韦因为担心自己与秦王母太后的关系被发现，将一个精力充沛的男人送入后宫，他就是嫪毐。但这个故事过于夸张，不能看作是史实。嫪毐伪装成受了宫刑（割除生殖器的去势刑）的人，进入后宫，与太后勾搭在一起，很快便与吕不韦平分秋色，掌握了巨大权力。刚刚成人的秦王与嫪毐展开了全面对决。中央官员们也分成两派，分别追随嫪毐和秦王，但实际上，嫪毐掌握着实权。

关于秦王到底是在嫪毐叛乱爆发后被迫迎击嫪毐军队的，还是在叛乱发动前就察觉了嫪毐的阴谋而主动发动攻击的，《史记》的记载和其他文献之间存在很大龃龉。借助彗星出现的记录，我们梳理一下事件的经过，可以发现叛乱的真相。这一年在事件前后观测到了两次彗星。彗星每夜只移动一点点因此可以长时间进行观测。在中国古代，彗星的出现被认为是不吉的预兆——彗星的出现和嫪毐反叛事件几乎同时发生。按照当时人的观念，彗星出现后要谨慎自己的言行。但对执政者来说，这也是一个利用人们的恐惧心理达成政治目的的机会。事实上，秦王正以彗星为借口，推迟了正式的成人礼，想在此期间把叛乱阴谋扼杀在摇篮中。让我们来梳理一下彗星出现的记录，以此来辨明嫪毐之乱的经过。

彗星与内乱

秦始皇九年（公元前238年）发生了嫪毐之乱，这是秦始皇一生中最大的内乱事件。但是，如果将《史记·秦始皇本纪》和《吕不韦列传》进行对照，就会发现两者对这一事件的记载存在着很大矛盾，让人不禁怀疑这一内乱是否真的发生过。

据载，吕不韦一直和原来的宠姬即秦始皇的母太后（赵姬）保持着男女关系，后来他担心事情暴露，便将名叫嫪毐的男人送入后宫。嫪毐拔掉胡须和眉毛，装扮成受过宫刑（去势刑）的样子。但他在后宫，却用让他引以为傲的巨大阳物转动木制车轮，进行猥亵表演。仅从这段记载来看，《史记》描写的嫪毐滑稽可笑的形象，和对他逆臣贼子的负面评价是一致的。《史记》刻画了一个图景：嫪毐和淫乱的秦王母太后相互勾结，阴谋排挤秦王。

然而，如果稍微转换一下视角来看事态的发展，就会发现这一事件在不知不觉中成为一个契机，使得掌握政治实权的嫪毐被杀，他背后的吕不韦也失去权势，最终服毒自尽。这两个人在昭王死后平分了秦国的巨大权力，在除掉他们之后，秦王开始亲政。若这样来考虑，这一事件就不再是单纯的丑闻。

司马迁在《秦始皇本纪》和《吕不韦列传》中列举了和这一事件有关的史料，但在《吕不韦列传》结尾的"论赞"（司马迁的评价）中却表达了自己的不同看法。如后文所示，《秦始皇本纪》记载，有人密告秦王，嫪毐秘密谋划趁秦王赴旧都雍城的离宫举行成人典礼时袭击秦王，于是秦王在嫪毐的计划实施前，先行一步袭击了都城咸阳。依据这一记载，嫪毐叛乱并没有付诸实施。但司马迁在《吕不韦列传》的赞语中却说，嫪毐趁秦王离开咸阳的间隙，在雍城离宫的蕲年宫起兵反叛，被秦王捕获。事实究竟是怎样的呢？即便是司马迁，也是在这一事件过去了大约一百五十年之后才编纂《史记》的，他也无法看到事件的真相。所以这里笔者想把司马迁《史记》的记载按时间顺序进行重新排列，以探求事件的真相。

一个重要的线索是《史记·六国年表》秦始皇九年的记事中的一条记载："彗星见，竟天。嫪毐为乱，迁其舍人于蜀。彗星复见。"这一年，在嫪毐之乱前后，彗星两度出现。这一历经数月的不吉的天文现象，肯定会左右当时人的行为。当我们关注彗星这一天文现象，将这一年发生的事件按照正确的顺序进行排列后，就会发现，实际上在蕲年宫并没有发生过嫪毐之乱。

四次彗星

据《史记·天官书》记载，在秦始皇统治时期，七年中共出现了四次彗星。时间最长的一次，足足有八十天，彗星尾部的光都长长地拖曳在天空中。彗星和瞬间发出光芒的流星（陨石）不同，而是和行星一样每天移动一点儿，圆头朝着太阳的方向，拖着像扫

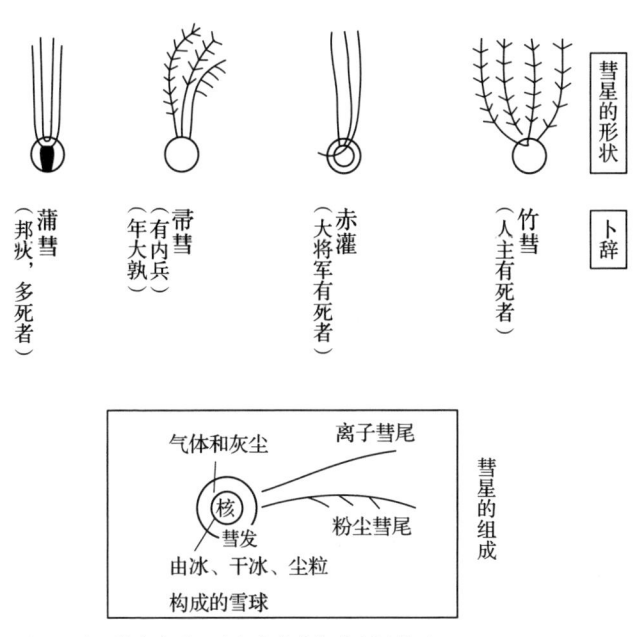

彗星的形状

卜辞

蒲彗（邦狀，多死者）

帚彗（有内兵年大孰）

赤灌（大将军有死者）

竹彗（人主有死者）

彗星的组成

气体和灰尘
离子彗尾
核
彗发
粉尘彗尾
由冰、干冰、尘粒构成的雪球

图 3-1 马王堆帛书《天文气象杂占》中所见彗星

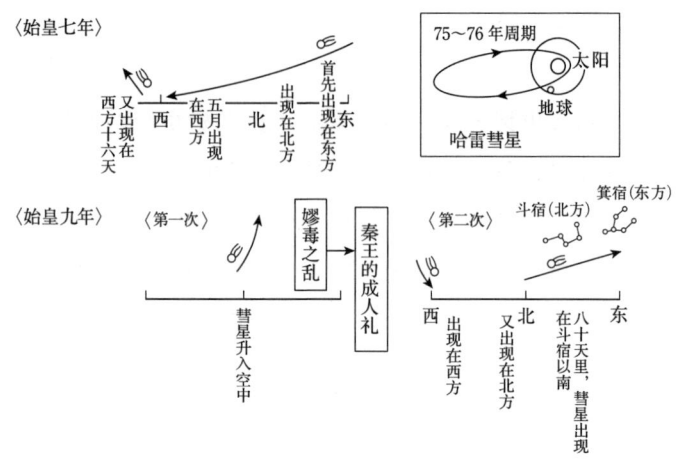

图 3-2 秦始皇七年、九年的彗星运动

帚一样由气体和尘埃组成的尾巴。湖南省长沙马王堆西汉墓出土的帛书《天文气象杂占》中清楚地描绘了多达二十九种彗星，这其中一定有秦始皇时期的四次彗星（图 3-1、3-2）。

史书记载，在秦始皇统治期间共出现了四次彗星，这四次彗星集中出现在秦始皇七年（公元前 240 年）到秦始皇十三年（公元前 234 年）的约七年间。与春秋时期二百四十二年间共出现三次彗星相比，秦始皇时期短时间内出现彗星的次数甚至超过了整个春秋时期。这七年正是秦始皇二十岁到二十六岁期间，彗星出现的时间正好与秦始皇平定内乱、独立为王的重要时期相重合。

古代人用肉眼观测彗星，所以当明亮闪耀的大彗星集中出现时，肉眼可以观测到。彗星突然出现与行星不同，其运动没有规律，所以当时人认为，在它出现的方位会发生战乱、杀戮等不吉事件。似乎就是为了证明这一点，秦始皇七年彗星出现时，秦始皇的祖母夏太后和蒙骜将军去世；秦始皇九年，在两次彗星之间爆发了嫪毐之乱。

第一次即秦始皇七年出现的彗星是哈雷彗星。周期为七十六年的哈雷彗星恰好在秦始皇时期出现了。对秦始皇来说，这也是一辈子才能看到一次的难得机会。这次彗星首先在东方出现，之后向北移动，五月移到西方。此后一度消失（意味着彗星接近太阳了），然后再度在西方出现，长达一百六十天（意味着彗星离开了太阳，再度靠近地球）。哈雷彗星为短周期彗星[a]，根据轨道的不同，彗星的亮度、尾长、靠近地球的时间也不同。根据记载，1910年的哈雷彗星，一年中有十个月以上可以观测到。

彗星可观测的时间长，对当时的人来说是件不吉的事，人们一定会采取相应的行动。因此，当时民众中一定弥漫着这样一种恐慌心理：这时发生什么不吉的事情都不奇怪。君王在哈雷彗星出现期间一般会谨言慎行，

---

[a] 译者按：这指周期少于二百年的彗星。

但另一方面他们也可能会利用这件事。从这个意义上可以说，彗星的出现引发了新的政治事件。

关于嫪毐之乱的记载

秦始皇九年从冬十月开始了，《秦始皇本纪》的记事是按如下顺序排列的。

①"彗星见，或竟天。"意思是彗星的头向下，尾巴拖得长长的，一直延伸到天际。由于不是流星，彗星的尾巴不会在一瞬间扩散到整个天空。

②"四月，上宿雍。己酉（二十一日），王冠，带剑。"

③"长信侯毐作乱而觉。"

④"王知之，令相国昌平君、昌文君发卒（士兵）攻毐。战咸阳，斩首数百。"

⑤"毐等败走，即令国中，有生得毐赐钱百万，杀之五十万。"

⑥"尽得毐等，二十人皆枭首。"

⑦"四月寒冻，有死者。"

⑧"彗星见西方，又见北方，从斗以南八十日。"

如果这些是按时间顺序记录的话，那么从中可以看出什么问题呢？

首先是事件的前提。按照《礼记》的规定，成人礼应该在这一年的正月（秦王赵正二十二岁生日）之前举行。《礼记》说"年二十而冠"，如果它的意思是在过了二十岁之后的二十一岁前举行成人典礼的话，那么就必须在这一年的正月之前举行。但是，成人礼却延迟到已经过了二十二周岁的四月，其原因恐怕就是彗星的出现吧。如前所述，当时的人不会在不吉的彗星出现时举行成人吉礼，所以秦王应当是直到确认彗星消失后，才决定了加冠的日子。

但是看到后面的记载，就会注意到以下两点：首先，以上第二条记载，秦王是在雍城叫"蕲年宫"的离宫加冠的；其次，第三条和第四条记载，战斗发生在咸阳。如果上述记载都是事实的话，那么至少它们和《吕不韦列传》结尾的司马迁论赞"嫪毐趁秦王因举行成人礼离开咸阳的间隙，在雍城等待秦王，发动叛乱"的说法不相吻合。

同时，我们也很难认为这些记事是完全按照现实的时间顺序记录的。第二条和第七条中都有"四月"，若从这一点来考虑的话，从四月二十一日秦王加冠开始，到叛乱暴露、交战以及追捕和判处嫪毐一党，这些都必须发生在十天左右的时间里。但是，如果我们考虑到此次事件的影响，就会觉得这不合乎常理。

事件的真相

恐怕真相并不是《秦始皇本纪》记载的那样。其实，第二条的记载应该放在第七条的前面。也就是说，嫪毐阴谋暴露、秦王在咸阳攻打嫪毐党羽，直到将他们判刑，这些事情都应该发生在彗星出现之后，在四月加冠仪式前已全部结束。司马迁写《史记》时可能掺杂了自己对这一事件的理解，认为叛乱是在举行加冠仪式时发生的，所以他将第二条的记载移到了现在的位置。

据《吕不韦列传》记载，在嫪毐发动叛乱前，已有人将嫪毐和母太后的关系密告给秦王，这发生在彗星出现的时候。嫪毐和母太后两人偷偷生下两个儿子，嫪毐还密谋让他的儿子做秦王，这些事情都传到了秦王的耳朵里。不吉的彗星出现期间，百姓们一直担心会不会发生什么不好的事情，秦王赵正很可能就是利用这一心理，以此为借口，推迟自己的加冠仪式，同时导演了一出没有发生的叛乱，清除了嫪毐这一实权者。可以说他巧妙地利用了"当彗星出现时，发生任何事都不奇怪"的观念。

据记载，嫪毐家拥有数千名私奴和成百上千有自己住宅的舍人。嫪毐被封为长信侯，被赐远离秦都的山阳之地（位于河南省北部太行山南麓）（图3-3）。后来太原郡（山西省）也成了嫪毐的封国，对嫪毐来说，他若

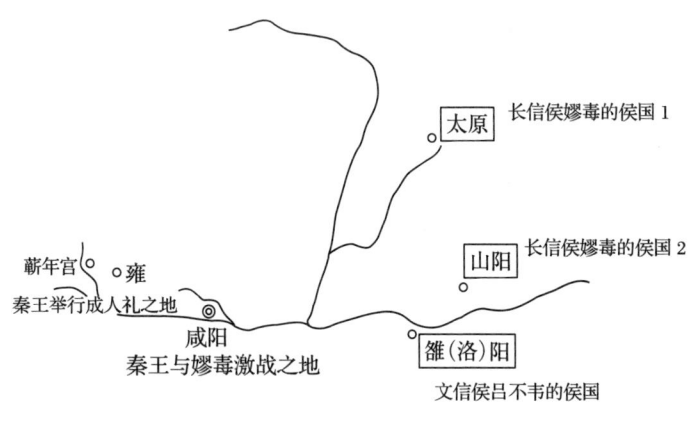

图 3-3 嫪毐之乱关系地图

被秦驱逐，这里可以成为他的容身之地。当时秦国政治表面上由吕不韦控制，但实际上却由嫪毐掌权。两人都在秦国占领的东方中原地区拥有封地，势力均分。

虽然文献记载说嫪毐和秦王率领的两支军队在秦都咸阳展开了决战，但实际上应当是秦王方面对嫪毐采取了突然袭击。嫪毐一方数百人被斩首。据记载，嫪毐的势力也不可小觑，后来其家族被流放到蜀地的就有四千余家，中央政府的卫尉、内史等率领的步兵和骑兵也加入嫪毐一方。在双方较量过程中，秦王比嫪毐先采取行动，可以说刚刚成人的秦王比嫪毐更为睿智。他察觉到秦国的危机，机敏地采取了行动。

秦王命令相邦昌平君、昌文君发兵攻打嫪毐。这两个人的名字现在已无从知晓，文献中只留下了他们的封号，两人都是楚的王族，并在秦国任官。虽然据说后来昌平君回到楚国，举起反秦旗帜，但在这个关键时刻，他却挽救了秦国的危机。

吕不韦之死

秦王瓦解嫪毐势力后，四月顺利完成成人礼。如前所述，这一年的四月十分寒冷，甚至有人被冻死。由于当时的秦历是阴历，一年比现在要少十天。因此，约每三年就要设一个闰月，有闰月的年份就变成一年十三个月。这年四月的气候相当于往年的三月。

如果嫪毐真的发动叛乱，而秦王事前没有察觉的话，秦王一定会被囚禁在雍城。但现实却是秦王杀光了嫪毐一族，还杀死自己的两个同母弟，将母太后囚禁在雍城。不久彗星再度出现，这当然也是秦王意料不到的，他一定预感到还会有事情发生。那么，他这次要对付的是不是在上次行动中完全见不到踪影的吕不韦呢？说到吕不韦，他将嫪毐送进宫的目的是保全自己，完全没有推翻秦王的打算。然而根据记载，秦王搞清楚了事态，发现吕不韦与嫪毐事件有关。

嫪毐和吕不韦是否真的勾结合谋，尚存疑问。但在这次叛乱中暴露出来的，不是嫪毐的后台是吕不韦的事实，但因为发现了嫪毐和太后的关系，太后和吕不韦的关系也被暴露出来。但是，秦王对处罚相邦吕不韦这件事却很犹豫，因为吕不韦自父亲庄襄王以来居功甚伟。结果直到第二年十月，秦王才罢免了吕不韦的相邦之职，保留了他十万封户的文信侯爵位，将他送回靠近其故乡的河南封地。这是秦王的最后一点仁慈了。

吕不韦离开秦都后，其门下再次聚集了众多诸侯和宾客。有鉴于此，秦王最终下令将吕不韦及其家族全部迁往蜀地，但吕不韦在迁徙前选择了饮鸩自杀。"鸩"是用有剧毒的鸩鸟羽毛浸泡的酒。从嫪毐之乱到吕不韦死亡仅经过了两年时间。

秦王的不孝和私通事件

在西汉初期的张家山汉简中有名为《奏谳书》的竹简文书，其内容是地方官吏将审理不了的疑难案件呈报给中央廷尉或地方上级官府再审，这些疑难案件中，有四个秦始皇时期的案例。

其中一个案例讲的是，一个女子在亡夫葬礼期间，在丈夫棺材旁与别的男人私通。针对这名女子是否应该按"不孝弃市"（对亲人不孝，要在市场上处以斩首刑）

这一秦朝法律来处罚，中央廷尉官署内部展开了激烈辩论。由于丈夫已经死了，和别的男人发生性关系不算罪过，审议的焦点是，妻子的行为对亡夫的父母来说是否构成不孝罪。

最终，案件以"丈夫已死，不用处罚女子"结案。在审议过程中，官员们提到了通常的不孝案例：如果三天不给父亲吃饭，就会以不孝罪判处弃市刑；但如果在家中祭祀亡父时有所怠慢，就不会被判为不孝罪。此案也是这样，妻子背叛死去的丈夫也无罪。这是一个反映秦代特色伦理观的事例。

如果将这个案件中的女子换成秦始皇的母太后，也可以看出嫪毐之乱的背景。母太后背叛死去的丈夫庄襄王，在后宫与吕不韦、嫪毐通奸。秦王无法原谅这种事，责怪母亲，将其从咸阳宫迁居到雍城。但是，如上所述，这种事在当时的秦国并不构成犯罪。齐人茅焦以这个女子的案件劝谕秦王，秦王后来将母亲接回咸阳宫。茅焦说，秦王的行为会失去诸侯的信任，使诸侯背叛秦国。他应当是在委婉地指责秦王对母亲不孝。

秦王当然不愿意背上不孝的名声——即便是在秦王朝，也要通过孝道来维持家庭秩序。虽然"不孝弃市"的法律并不适用于权力顶峰的秦王本人，但秦王害怕背负不孝的名声，从而失去诸侯和百姓的信任。

第四章

暗杀未遂

——刺客的形象（三十三岁）

图片说明：《史记评林》卷八十六《刺客列传》（明代）在江户时代的日本也很流行，并出版了带标点的"和刻本"

秦王在年过三十以后又遭遇了一次重大事件，这就是刺客荆轲暗杀未遂事件。秦始皇二十年（公元前227年），荆轲受燕太子丹委托，企图暗杀秦王，但以失败告终。《史记》卷六《秦始皇本纪》和卷八十六《刺客列传》分别从秦王和刺客荆轲的角度记述了这一事件。特别是在《刺客列传》中，荆轲作为春秋战国时期的五位著名刺客之一被列在最后。也许司马迁认为荆轲为他人不惜生命的行为是正义的，所以在本传中详细记录了暗杀的实施过程。此外，《战国策·燕策》有一段与《刺客列传》大致相同的记载，但它侧重记录燕、赵、秦三国的外交活动，从太子丹的轻率行为（暗杀秦王未遂）最终导致燕国灭亡的角度记述了这次事件。

当我们冷静地重新回顾荆轲的行动时，就会发现荆轲出人意料的行为其实是为了故国——卫国。《史记》几乎原封不动照抄《战国策》，只在前面增写了荆轲的出身以及他入燕前的活动情况。这些记载使荆轲的形象留在了历史上。与其说荆轲是为了燕国去做刺客的，不如说他是为了自己而展开外交活动的。本章除了关注荆轲身为外交家的一面外，还希望重塑荆轲的人物形象。

燕太子报仇

所谓"报",与善恶无关,指针对对方的行为采取相应行动。例如,报恩是报答对方的恩惠;报复、报仇则是以其人之道还治其人之身,进行复仇。

秦始皇二十年,秦王被刺客荆轲用匕首袭击。秦王被袭事件并非只发生了这一次,他做了皇帝后,荆轲的朋友高渐离向他扔过灌了铅的,名叫"筑"的乐器,为秦所灭的韩国的张良也向他投掷过一百二十斤重的铁锤。但这些袭击均以失败告终,秦王侥幸捡回条命。这三个人袭击秦王的行动,都是在向秦王报仇。荆轲是为燕太子复仇,高渐离为朋友荆轲复仇,张良则为被杀的弟弟复仇。

荆轲暗杀秦王未遂事件在《史记·刺客列传》和《战国策·燕策》中有详细记载。这两个史料大部分内容都相同,但若关注《史记》增写的部分,就会发现刺客荆轲受燕太子丹之托暗杀秦王的行为,其实也是一部他自己的复仇剧。

燕王喜的太子丹在邯郸做质子时,常与年幼的秦王一起玩耍。赵正回国做秦王后,丹又做了秦国的质子。但秦国给丹的待遇很差。丹心怀怨恨回国后,开始谋划向秦王报仇。燕太子丹报复秦王原本出于个人恩怨,但在不知不觉中演变成了国家争端。

缘于私仇的个人报复行为最终扩大为国家间的报复战争,这种事情并不仅仅发生在燕、秦两国之间,战国后期就是这样一个战争一触即发的时代。从秦始皇十八年(公元前229年)开始直到第二年,秦将军王翦一直在率兵猛攻赵国。赵国大将李牧和将军司马尚等率兵迎击,李牧战死。新任命的将领赵忽和齐国将军颜聚迎击秦军,依旧败北。赵王迁投降,邯郸落入秦国手中。此时,被称作"三晋"[a]的韩、魏、赵三个中原国家中,韩国被灭,赵国也被攻陷都城。秦王亲自前往邯郸,为了报复自己出生时母亲家遭受的凌辱,将仇人全部活埋。但在第二年,秦王自己也遭到了燕太子丹的报复。

暗杀秦王未遂事件的真相

秦始皇二十年即秦始皇三十三岁时发生的这起暗杀未遂事件,在秦始皇的一生中是一次堪比嫪毐之乱的极具冲击力的事件。迄今为止,我一直在关注《史记·秦始皇本纪》和《刺客列传》对此事记载的不同。《秦始皇本纪》依据的是秦国的官方记录,暗杀事件的始末

---

a 编者按:韩、魏、赵三家原是春秋时期晋国六卿中的三个,共同分割了晋国智氏的政权,史书将三国合称为"三晋"。

图 4-1 暗杀秦始皇画像石（《武氏祠汉画像石》，山东美术出版社，1986 年）画面中央柱子的右边是秦王，左边是荆轲，右下角倒在地上的是秦舞阳。柱子上插着一把匕首。在柱子的右下角是装着樊於期头颅的函（盒子）

和真相是高度机密，没有记载，只强调暗杀失败了。但《刺客列传》详细记述了荆轲袭击秦王的整个过程。我曾努力收集描绘这一事件场景的汉代画像石，结果发现各地都有和《史记·刺客列传》记载不同的传说（图4-1）。但到目前为止，还没有人关注过司马迁把荆轲过度渲染为一名英雄式刺客的问题。

为了进一步从现存史料中重新探求事件真相，我们首先来看看《刺客列传》。列传中的大部分内容抄录自《战国策》，可分为三部分，第一部分介绍荆轲其人以及他入燕前的活动，第二部分记载燕太子与荆轲相遇并决定暗杀秦王，第三部分记载暗杀未遂事件始末。其中第二部分几乎全部照搬《战国策》中以"燕太子丹质于秦，亡归"开头的那段文字。司马迁虽然没有注明史料出处，但是一对照两个本子，我们马上就明白了。准确地说，《史记》抄录的不是西汉末编纂的《战国策》，而是司马迁参考的《战国策》原本，此处说的《战国策》就是指原本。

事实上，《战国策》这部分内容并不是在追述暗杀者的活动，而是在记述燕、秦两国的外交策略。司马迁把这段外交记录原封不动搬过来，并在前后添加上荆轲的活动记载，将其加工成列传体裁。现在，如果我们把《荆轲列传》中引用的《战国策》部分与司马迁补写的部分分离开，分别当作独立的部分去读，浮现在我们眼前的就不再是作为暗杀者的荆轲形象，而是身为外交家、知识分子的荆卿（卿是尊称）形象。

让我们重新梳理荆轲和燕太子丹两人的行动，看看事件的经过。司马迁认为荆轲替太子丹向秦王复仇，将他的行为评价为正义之举。但事实上，荆轲身为被秦夺去故国的卫人，在入燕与太子丹会面前就很活跃。秦、燕、赵三国的外交与战争状态瞬息万变，处在夹缝中的小国卫国摇摆不定，这种背景下，燕太子丹和卫国荆轲的利害关系是一致的。

荆轲的活动充满谜团

根据司马迁的记载，荆轲的祖先是齐人，他本人喜好读书和剑术，文武双全，但他进行跨国活动的目的却充满谜团。根据记载，在卫国，他用剑术游说卫国君主元君，但未被重用。在游访秦国占领的太原郡附近的榆次时，与盖聂论剑，盖聂对他怒目而视，他于是逃离了现场。在邯郸，他与鲁句践玩六博（双六）时，两人为抢棋道发生争执，他遭到鲁句践的叱责后默然离去。在燕国，他和一个杀狗的屠夫以及高渐离每日饮酒。酒酣，在高渐离击筑伴奏下，荆轲放声高歌，泪水流下来，压抑的感情终于迸发。《刺客列传》就这样把荆轲刻画成一个自制力很强的人，让读者觉得刺客就是他这个样子的。但是，若把他的足迹串起来，就可以清楚地看出他"流浪"的目的（图4-2）。

如上所述，荆轲先从卫都濮阳前往秦国占领的太原郡附近的榆次，然后游访赵都邯郸，最后进入燕都蓟（现在的北京）。这样的活动轨迹绝非出于偶然。荆轲的活动与秦军侵略东方的行动明显是有关联的。

荆轲的故乡卫国是周武王弟弟康叔的封国，位于黄河之畔，人口众多，十分富饶。秦始皇五年（公元前242年），卫国被秦军占领，设立了秦东郡，卫国主君元

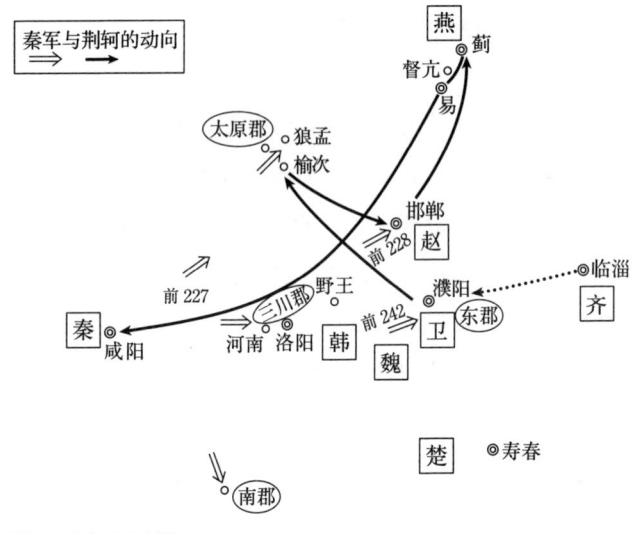

图 4-2 荆轲活动圈

君一族被流放到野王一带,荆轲失去了故国。(据《战国策》记载,吕不韦也是卫国濮阳人。)荆轲本人也受到过秦军威胁,可以想象荆轲对秦的怨恨正在日益蓄积。榆次所在的太原郡那时是嫪毐的封地,如果去那儿的话,就可能得到一些泄露出来的秦军和秦王室的情报。此外,秦始皇四年(公元前243年),秦、赵关系恶化,以至于相互归还质子。荆轲进入邯郸,可能就是为了了解被秦强制遣返了太子的赵王的打算。他最后入燕,是为了和秦始皇十五年(公元前232年)刚刚从秦逃回国的燕太子丹会面——燕太子丹非常了解秦王，因此，荆轲很可能一直在为东方各国对抗秦国的合纵行动秘密搜集情报。

燕太子丹归国

当初，秦与燕能保持友好关系靠的是蔡泽的努力。蔡泽是燕国人，被秦国请来做了丞相，很快又作为秦国的使者被派往燕国。三年后，在他的建议下，太子丹被送到秦国做质子。丹作为质子进入咸阳城大约是在秦始皇四年。此后，在丹滞留秦国期间发生了嫪毐之乱。在这种混乱情况下，丹受到秦王的冷遇也属正常。秦始皇十五年，丹怀着对秦王的怨恨逃回燕国。如前所述，秦国在吕不韦死后进入李斯时代。秦始皇十七年（公元前230年）灭掉韩国，秦始皇十九年（公元前228年）俘获赵王迁。燕对秦开始有了危机感，两国关系急转直下，不断恶化。丹在回国后的五年中，一直在针对秦国展开活动。

丹首先和身边的太傅鞠武商量。鞠武对秦国的国势十分了解，他告诫丹，秦国无论在经济上还是军事上都是大国，不要触碰其"逆鳞"以激怒秦国。之后不久，樊於期将军从秦国逃亡，被丹藏匿起来，鞠武建议丹马上将其送往匈奴的地盘。秦以一千斤黄金和一万户封地悬赏樊於期的人头。根据最近整理的岳麓秦简,当时把赏金称作"购金",简文中还有活捉一个犯了群盗罪(5人及以上参与的强盗罪)的人可获十四两赏金的例子。按照一斤十六两来计算,一千斤可用作活捉1 142个群盗的赏金,数额巨大。樊於期可能是嫪毐余党,为了躲避秦的清洗而四处逃亡。秦王赵正担心樊於期向外泄露秦国的内情,所以才出高额赏金缉拿。

但丹不同意驱逐樊於期。苦于对秦之策的鞠武将田光先生介绍给太子丹。丹的看法是"燕、秦不两立",他认为由于自己的缘故,两国关系不可能修复。年迈的田光说自己现在年老体衰,无法亲自行动,于是将荆轲介绍给丹。丹告诫田光要保守秘密,田光认为这是不信任他,刎颈自杀。

荆轲就这样通过鞠武和田光的介绍,与丹初次会面。荆轲和丹有一个共同点,就是两人都对秦十分反感。随着秦军向燕国易水逼近,丹开始焦虑起来,荆轲则表现得比较沉着。为了让秦王能够接见荆轲,荆轲向丹提议,献上樊於期将军的人头和燕国督亢的地图。督亢是位于燕都(上都)蓟和副都(下都)易之间的一块肥沃土地。虽然这是一块远离秦国的飞地,但献上腹心之地却可以表明燕对秦的忠诚。随后,荆轲亲自会见樊於期将军，当面倾听了他对秦王的怨恨——了解秦王的人的情报对荆轲来说十分重要。樊於期留在秦国的父母和家族都被秦王杀死，最终，樊於期同意献出自己的首级作为向秦王复仇的交换条件。丹还特意为荆轲购买了一把由赵国工匠徐夫人（男子）制造的匕首。丹将毒药涂在匕首的刃上。但是如后文所述，这是用来威胁秦王的武器，而不是用来杀死秦王的。他们的目的其实并不是暗杀，而是另有所图。

荆轲逐秦王

易水流经燕国的副都下都。对于地处平原的国家来说，被河流环绕的土地也是防御要地。如果易水失守，燕国也保不住，下都就是这样一块土地。荆轲完成了暗杀秦王的准备，从上都蓟（今北京周边）出发，来到易水之畔。丹率领着知情的宾客，所有人都穿戴白色衣冠前来送行。高渐离用左手指按住筑首的弦，右手拨动五弦。此时荆轲歌的唱词，不仅反映了他的心情，还给我们留下了一些信息："风萧萧兮易水寒，壮士一去兮不复还。"风猛烈地吹起，易水之地十分寒冷。荆轲出发的时间若按秦历来算，应该是在秦始皇二十年冬十月到十二月之间。

之后荆轲到达秦都咸阳。战国时期的咸阳宫位于渭水北岸的咸阳原，这里现在还残留着秦宫殿的夯筑台基遗址。丘陵的断崖面到处埋着瓦片、排水管、陶制的水井残片。当笔者伫立在这里时，想到改变秦王赵正命运的事件就发生在此处，感慨油然而生。

秦王身着正式的朝服，设九宾，以最高礼遇迎接来自燕国的使者。宠臣蒙嘉作为中介，传达了燕王想作为内臣服属秦国的愿望。进入咸阳宫后，荆轲手捧盛着樊於期首级的函，副使秦舞阳捧着装地图的匣，前进到秦王宝座正前方的台阶下。函和匣都加盖了燕王本人的封印。这时，秦舞阳脸色大变，身体颤抖不已，让并排而立的群臣感到奇怪。荆轲看着秦舞阳，辩解道："身处北方蛮夷之地的乡下小人，从未谒见过天子，所以害怕发抖。请允许我们稍稍上前，完成进献。"秦王接过秦舞阳所持的地图，打开后露出中间的匕首。地图绘在帛上，可以用它把匕首包在里面藏起来。荆轲左手抓住秦王的衣袖，右手取出匕首向秦王的胸前刺去。秦王起身，袖子被扯断。秦王想要拔剑，但剑插得太紧，他没有拔出来，只抓住了剑鞘。荆轲追上去，秦王绕着柱子躲闪。

秦国法律规定，群臣上殿时不得携带尺寸之兵。持兵器的郎中都并排站在殿下，未接到诏令不能上殿。因此，即便情况紧急，秦王也来不及呼叫士兵。秦国严格的法律造成连秦王出现被复仇的危机都无法应对的局面。如果《战国策》的这个故事出自主张诸侯合纵连横的纵横家之手，那么，他显然抓住了强秦的弱点。

这时御医夏无且用药囊砸向荆轲。在这当口，左右大臣喊道："王，把剑背到背上。"秦王终于拔出剑，刺向荆轲，斩断了他的左腿。荆轲在摔倒的同时，将匕首向秦王掷去，但刺在柱子上。荆轲拖着一条腿，横坐在地上，大骂自己，后悔没能实现活捉秦王让他返还所夺走的土地的誓言。

这一事件表明，太子丹和荆轲的目的并不是暗杀秦王。《刺客列传》中第一个描写的刺客是春秋时期的曹沫，他用匕首成功地胁迫大国国君齐桓公返还所掠夺的小国鲁的土地。弱者向强者做出这类威吓行为，为当时社会所认可。一旦因此订立誓约，强者必须遵守约定。对弱者来说，这绝不是一件卑怯的事。这是弱肉强食的战国时代的逻辑。齐相管仲曾极力劝诫想毁坏誓约的齐桓公。丹和荆轲就是在仿效这个故事，他们不想杀死秦王，而想在军事行动上报一箭之仇。

暗杀事件的第二年，秦国将军王翦攻破燕太子的军队，进入燕国上都蓟。据载，秦国李信将军进行追击，想取太子丹首级，但最终是逃亡到辽东的燕王喜斩了太子丹的首级，献给了秦国。燕国暂时残存下来，秦军不再追击燕王。

进攻魏都大梁

此后，秦的进攻并没有停止，开始征服各国。首先秦始皇二十二年（公元前225年），秦国将军王贲攻打魏国，用水攻方式，引河沟之水淹灌都城大梁。这是在实践韩非的战术。大梁位于今河南省开封市西北（图4-3）。现在的黄河从开封市正北流过，但秦代的河道在它北面七十公里处，黄河不是从开封而是从西面的荥阳附近向北折曲的。所谓河沟，是指从黄河引水的灌溉水渠——鸿沟。鸿沟东南方向流经平原，注入淮河。如果遇到黄河丰水期，水渠决堤引发洪水的话，平原上的城市很容易被水淹没。

尽管王贲采用了水攻，但他仍花费了三个月时间才攻陷大梁城，最终俘获了魏王假，灭掉魏国。一方面秦国抱着必胜决心，另一方面，对魏来说这也是一场殊死之战。但是，秦对魏并不像对赵那样抱有复仇的念头。

司马迁甚至使用"屠魏"来形容大梁城歼灭战，但此时战争显然不是为了报复，而是为了统一天下。秦灭魏后，控制了黄河和鸿沟的分流点，即东方大平原上扇形地的起点。此地的荥阳在后来的楚汉战争时又成了项羽和刘邦争夺的军事要地。他们以鸿沟为界划定实力范围，以东归项羽，以西归刘邦，两人分别建立楚和汉，形成对峙之局。

秦始皇统一后第三次巡行时，途经荥阳和大梁之间的博浪沙，遭到盗贼的袭击。博浪沙，顾名思义是因黄河泛滥、泥沙堆积形成的地方。当时秦国甚至在全天下搜索罪犯十天，结果一无所获。其实，如前所述，这件事由张良主谋——他的弟弟在韩国被灭时为秦所杀。他让力士用120斤重的铁锤瞄准秦始皇巡行的马车砸过去，但击中的是副车，因而刺杀失败。犯人张良很可能就藏匿在对秦始皇怨声载道的魏国境内。

楚国末日之谜

《史记》关于楚国最后阶段的记述也前后矛盾，但根据出土史料《编年记》，我们可以判断《史记》记载的真伪。秦始皇二十三年（公元前224年），楚国项燕与秦在蕲交战，败北。翌年即秦始皇二十四年（公元前223年），秦国王翦和蒙武将军等攻打楚都寿春，俘获楚王负刍，楚国灭亡。《史记》的《六国年表》《楚世家》《王翦列传》《蒙恬列传》的记载与上述内容一致。但只有《秦始皇本纪》中，两个事件的时间顺序是颠倒的。《秦始皇本纪》中记载，秦始皇二十三年，秦国王翦俘虏楚王，其后楚国将军项燕拥立昌平君，在淮南地区举起反旗，翌年昌平君死去，项燕也自杀。总之，《秦始皇本纪》似乎是把楚王被俘获后，立即建立亡命政权的昌平君之死和项燕的自杀都看成英雄之举了。但是，这一传说违背了历史事实。

昌平君和昌文君二人都是楚国公子，但我们已无从知道他们的名字，如前所述，他们在嫪毐之乱时曾挽救了秦王的危机。曾坐上秦国相邦位子的昌平君是一个非常了解秦王室内情的人，但随着出身楚国下级官吏的李斯日渐受到优宠，他们与秦王的关系疏远起来。这两个人的名字也出现在出土史料《编年记》中。如果我们根据《编年记》的记载梳理事件的经过，就会发现昌平君在秦始皇二十一年（公元前226年）返回了故乡楚国。此事在《史记》中也有记载。前一年发生了暗杀秦王未遂事件，昌平君肯定会优先帮助楚王负刍，而不是秦国。秦始皇二十三年秦向楚国发起总攻时，昌文君早已于四月死去。这是《编年记》提供的新史实。昌平君应当也死于这一年。另外，《编年记》关于秦始皇二十四年的记载，除了有关秦王的内容外，其他都不清楚，但据《六国年表》记载，楚王在这一年被俘，楚国至此灭亡。秦始皇死后，项燕之子项梁和孙子项羽举兵反秦。大概就是因为楚人对项燕和昌平君的思念，才产生出楚王被俘后他们一直顽强抵抗秦到最后的传说吧。也就是说，反而是《秦始皇本纪》歪曲描写了楚国的最后历史。

而且，出土史料还揭示了不为人所知的秦与楚最后决战时的情况。其中，睡虎地四号秦墓出土了两枚书信木牍，是名叫"黑夫"和"惊"的两个人在二月辛巳日（十九日）给故乡的母亲和家人写的信。信上说，他们参加了淮阳（淮水北）战役，一直攻不下敌城。这是在秦始皇二十四年二月攻陷楚都寿春、俘虏楚王前不久发生的事情。这与《秦始皇本纪》秦始皇二十三年已经俘获楚王的记载相矛盾。

当时秦王甚至亲自驾临楚国的陈地（图4-3）。他期盼这一天很久了。楚国的都城本来在长江中游的郢，昭王二十九年（公元前278年）因受到秦国白起将军的攻击，北上迁到淮水北岸的陈，在秦始皇六年（公元前241年）又迁都到淮水南岸的寿春。楚国地域辽阔，在南边统治着长江下游的吴越之地，在中原吞并了陈、杞、蔡等春秋时期的小国，还灭了历史悠久的鲁国。楚地可以分为三部分，彭城（今徐州）以东至海为东楚，长江以南为南楚，淮水西北部为西楚。楚国的资

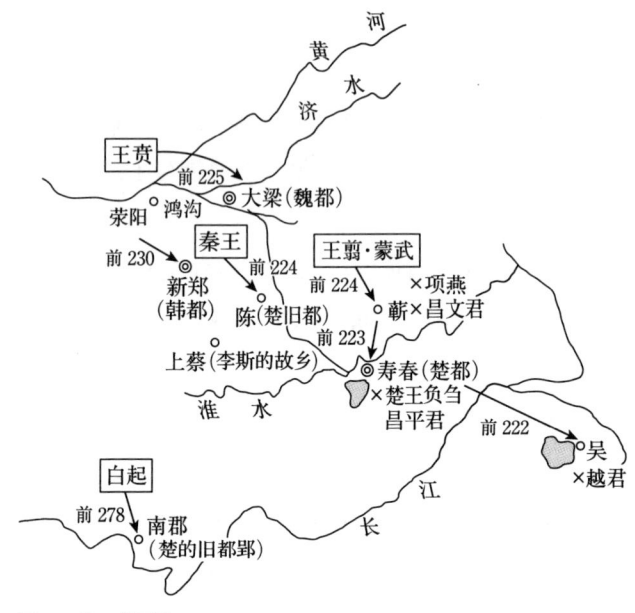

图 4-3 魏、楚灭亡

源也十分丰富。对秦来说，这是一块魅力十足的土地。昭王二十九年，秦国在楚故都郢设立了南郡，实行占领统治。南郡拥有云梦泽（今洞庭湖一带）这样的资源宝库。西楚产漆，南楚矿产资源丰富，有金矿、铜山，还能开采出锡矿，且盛产和氏璧这样知名的玉石。秦王将如此富庶的楚国控制在了自己手中。

五十步笑百步——竹简记录的战场

岳麓秦简记载了反映楚被秦占领、灭亡时期状况的案件。前面提到的《奏谳书》是请求中央政府或上级官府进行终审的审判文书，从中我们可以看到《史记》里没有记载的案件，其中有一起发生在楚国的盗贼案。楚国被灭后，原来的楚地依然持续着混乱状况。这份秦始皇二十五年（公元前222年）的文书记录了一桩四个秦人和十个荆人组成的群盗杀伤人案。活捉秦国出身的群盗可以获得赏金十四两，抓捕其他国家出身的群盗赏金只有二两。所谓荆人就是楚人，秦为了避庄襄王子楚的名讳，将楚改为荆。由此可知，在秦灭楚后不久，当地仍不断发生秦人和楚人合伙做盗贼的事情。

此外，在岳麓秦简秦始皇二十六年（公元前221年）九月的文书中记录了一个案件，让人不由得联想到五十步笑百步的故事。五十步笑百步的典故出自孟子与梁（魏）惠王的对话，由于梁惠王生性好战，孟子就以战场做比喻。孟子问梁惠王："敲响进军的战鼓可以激励士兵，但战争开始后就出现了丢弃铠甲和武器逃跑的人。这时，逃跑五十步停下来的人嘲笑逃跑一百步才停下来的人，该怎么看待这件事呢？"梁惠王回答说："两者都是逃跑，没有什么不同。"这个广为人知的故事一般被认为只是一个比喻，现实中惠王并不会真按照逃跑的步数来论罚。

但是出土史料表明，秦国法律确实会根据战场上实际后退的步数施以不同的刑罚。秦始皇二十六年九月是统一那年的最后一个月。在统一过程中，发生了一个具体案例，这在高度概括秦统一事业的《史记》中是看不到的，它生动地记录了当时战争的情况。这个文书主要论述对"应当进军但因恐惧后退十二步者，以及对受到敌兵追击，被弓箭射中者"应该如何惩罚。经调查发现，有后退四十六步者，有后退一百步者，有被弓箭射杀的人，也有持短剑勇敢战死的人。结果，法律判处了先逃亡的十二人"城旦"（不剃头发，到边境修筑长城或防守的劳役）和"鬼薪"（采集祭祀鬼神用的薪柴的劳役）等劳役刑，后逃亡的十四人获"耐刑"（剃去胡须，服劳役）。一步六尺，相当于1.38米长，十二步为16.56米，四十六步为63.48米，一百步为138米，测算得十分精确[a]。在秦国法律中，战场上后退五十步和百步的处罚并不等同。现实中，逃亡五十步者或许会真的笑话逃亡一百步的人。由此可以窥见当时战场上极度严苛的状态。兵马俑一号坑中也发现了进军时敲击的大鼓遗迹和撤兵时敲击的甬钟（带柄的钟）。当时规定进军和

---

a 译者按：秦初标准尺仅长23厘米。

后退必须整齐一致。

"赵为号，秦为笑"

如前所述，燕王从都城蓟逃到辽东，甚至传说他亲手斩杀了太子丹，献给秦国。燕国东面连着辽东半岛和朝鲜，北面与游牧民族接壤，西面一直到黄河的最北端，南面以易水为界，与称作"碣石"的海岸岩礁相接。燕王为了逃避秦的追击，倚重朝鲜的势力。据说，在朝鲜半岛有周武王分封给箕子的朝鲜国。箕子是殷纣王家族中的贤人。

然而，秦始皇二十五年，燕王喜终被秦俘获，燕国灭亡。秦首次成为一个拥有大海的国家。燕是一个盛产鱼贝、海盐、枣和栗的国家。秦通过吞并为北方游牧民族的草原、朝鲜半岛和大海环抱的燕国，进一步扩大了领土。

曾与燕保持联系的是做了代王的赵国公子嘉。赵王被秦俘虏后，赵国的大夫在北边代地拥立公子嘉，建立代国，抵抗秦长达六年之久。代在今河北省蔚县附近。

同年，继燕王之后，代王也被秦俘虏。就在不久前，辽东的燕王与代王才刚刚交换过国书，商谈对秦策略。据说代王建议燕王杀死太子丹，进献给秦王，以阻止秦的攻伐，但结果还是被秦进攻了。

在早前的秦始皇十六年（公元前231年），代地曾受到强烈地震的袭击。《史记·赵世家》记载说，"代地大动"，三分之二的房屋、墙壁坍塌——虽然和现代房屋的抗震能力无法相比，但估计那次地震的震级也是达到了七级，是一次强震。大地龟裂，裂口长甚至达到一百三十步（约180米）。现在的山西省太行山北端、中国的华北平原仍是地震带。1966年的邢台地震发生在邯郸北部，1976年的唐山大地震也发生在与太行山相连的燕山山脉南部，死亡人数超过二十四万人。代国地震的第二年又遭遇了大饥荒，当地百姓这样唱到："赵为号，秦为笑。以为不信，视地之生毛。"

赵国被灭后，赵人进入的就是这样一块土地。他们怀着对秦的满腔怨恨，发誓顽强抵抗到最后。

无血入城

事实上残存到最后的是东方大国齐国。或许因为秦王并不憎恨这个国家，所以他最初并没有想灭了它。也许他曾想过，由秦和齐这两个地处东、西的国家来平分天下也不错。

可以说，秦为了先和齐以外的五个国家交战，而采取了先抑制齐在后方的行动，灭掉五国后再与其交战的策略。为了让齐王不支援五国而向秦朝贡，秦向齐国丞相秘密赠送金钱，开展活动。但是五国灭亡后，秦已经没有理由再让齐继续存活下去了。齐国也对秦国有了戒心，齐王建和丞相后胜都拒绝了秦的使节，封锁了齐国的西部边境。秦国将军王贲从燕国南部回师攻打齐国，俘虏了齐王建，将他迁到名叫共的地方（在秦占领的河内郡）。齐王不战而降，秦就以其原来的国名，将管辖的领土称为齐郡。

齐国作为一个大国凭借的是广阔的国土和丰富的资源。齐的领土大致相当于今天的山东省。齐国被黄河、山东丘陵和大海所包围，在山东丘陵绵延山峰的北岭山脊（棱线）上修筑了长城。在过去，泰山北麓为齐，南麓为鲁。齐王建于公元前265年即位以来，从未与秦国动过干戈，在秦王赵正亲政后，他还亲自到秦都咸阳朝觐。

如果齐国支援五国，采取合纵策略的话，秦国可能就不会这么轻易地灭掉六国。但齐王建并没有那么做，结果造成六国灭亡的结局。齐国人怨恨齐王的愚蠢政策，作歌唱道："松耶柏耶？住建共者客耶？"意思是，秦征服齐国后，让齐王住在"共"这个地方，被松树和柏树所环绕。而造成这一结局的责任，就在接受秦国贿赂、与秦国私通并劝齐王与秦讲和的宾客身上。齐王被迁到松柏茂盛的寒冷高地，松树是坟丘上种植的树木，柏树是用作棺材的材料，因此它们意味着这里是齐王的送终之地。

齐国有一个银盘保留至今。它是一个圆形盘，直径37厘米，高5.5厘米，上面铸有龙凤纹，银上施以金饰，做工精巧。它是1979年从临淄的西汉齐王墓中被发现的。银盘上面刻有被认为是秦始皇年号的"三十三年"，因此可能是在齐国制造并被献给秦始皇的。秦将齐王迁离齐地，同时也将制造这种制品的手工业者强制迁走。齐国的冶铁业者被迁到远在西方的蜀地。不仅是齐国，秦在攻破赵国时也将冶铁业者卓氏迁至蜀地，灭魏时将冶铁业者孔氏迁到南阳新占领区等，采取了将东方六国各地的冶铁技术者迁往边境的政策。后来南阳孔氏的子孙孔仅，在西汉武帝时以大冶铁家身份支持武帝的盐铁专卖制政策。卓氏的子孙卓王孙也在汉武帝时成为拥有奴婢数百人的富人。总之，秦始皇的举措超越了王朝的交替更迭，一直在发挥作用。铁是大量生产铸造农具的材料，在边境开发中不可或缺。秦在将东方物产收入囊中的同时，也获得了先进技术。

六国国王的生存

在后来表彰秦始皇功绩的刻石上，我们可以见到"禽灭六王"[a]（东观刻石）这句话。目前我们知道的六王有韩王安、赵王迁、魏王假、楚王负刍、燕王喜、齐王建六人，此外还有赵王迁的兄弟，即以嫡子身份重新继承父亲的国家的代王嘉。秦王内心曾经彷徨过。在灭六国时，他似乎考虑过让它们作为臣服秦的诸侯王国继续存在下去，从来没有想过要杀死六国的国王。他选择了俘虏国王并让他们成为臣属的做法。

例如，韩王安在秦始皇十七年被俘，国家被灭。但是在这一时期的史料即前面提到的《编年记》中，这一年只记载了"攻韩"两字，并没有记载韩国灭亡的事情。韩王在其后四年依然活着，《编年记》秦始皇二十一年条有"韩王死"的记载，由此可知他是在被迁徙地死去的。根据记载，赵王迁是在秦始皇十九年被俘，国家灭亡，其后被流放到遥远的湖北省武当山山区的房陵，他曾作歌思念故乡。嘉和臣下一起被迁到代地，自立为王。刚刚说到的齐王建也一样，他在秦始皇二十六年被捕后，迁徙到遥远的河内共县并活下来。秦始皇二十一年，燕王喜斩杀儿子太子丹后献给秦，自己

---

[a] 译者按："禽"通"擒"，"禽灭六王"意为擒拿并消灭六王。

逃亡到了辽东。秦始皇二十五年，燕王喜被捕，也没有被杀。

我们再想想后来秦朝灭亡时的情况，汉王刘邦元年（公元前206年），秦王朝的第三代君主子婴交出皇帝的玺符（玺印与兵符），投降沛公刘邦后，也没有被杀死。杀死子婴的是项羽。从子婴向刘邦投降并让出王位那一刻起，秦国就灭亡了，但王的生死与国家的灭亡没有关系。代表战国国家的只有社稷，只有失去了王祭祀的土地神（社）和谷物神（稷），才意味着国家的灭亡。

第五章

皇帝巡行
——「统一」的真相（三十九岁）

从皇帝而行及舍禁苑中者皆 □□□□☑

皇帝过将者令徒 ☑

图片说明：龙岗秦简皇帝简两枚简上"皇帝"的"皇"字写法不同

在秦始皇赵正统治的五十年生涯中，秦始皇二十六年这一年似乎最为光辉。这一年，秦终于实现了中国的统一，《史记》关于秦始皇二十六年的记载里，将统一事业的详细措施看作中央政府发出的宣言，给予了高度评价。

然而令人吃惊的是，在这一时期的地方官吏的年表《编年记》中，秦始皇二十六年那一条后面竟然什么都没有写，是空白的。近年，人们在一口古井中偶然发现了一块旨在让地方官吏贯彻统一措施的诏版，我们可以确认其中很多内容和《秦始皇本纪》二十六年的记载相重合。但是这些内容又和《史记》的记述不完全一样。因为这一史料的出土，我们可以看到一个不同于汉代司马迁眼中的"统一"，看到对当时人来说"统一"意味着什么。

秦始皇从统一的第二年开始，进行过五次皇帝巡行地方的活动，这其中隐含了秦统一真相的重要信息。对地方官吏来说，没有比接待秦始皇巡行更重要的事情了。《编年记》中虽然没有提到统一宣言，但却明确记载了巡行的事。秦的"统一"一般指实行郡县制和文字、度量衡、车轨（车距）的标准化，但仅仅依靠宣布这些措施，并不能实现真正的统一。秦始皇宣布统一后，为了夸耀征服东方六国的功绩，开始解除各国武装，销毁兵器，毁掉城郭和战国长城，随后开始对东方六国进行巡视。巡视的最主要目的当然是鲜活地展示皇帝的威信，将统一贯彻下去，但与此同时，秦始皇也想亲眼见识孕育于东方大地的邹衍"五德终始"说、齐国的八神祭祀、方术的三神山信仰，亲身感受东方大地的各处圣地。我们来看一下秦始皇巡行的足迹。

首先我们来看《秦始皇本纪》对秦始皇二十六年之后六年的记载，对照年表，看一看不在都城咸阳的秦始皇作为一个"人"的积极活动。秦始皇真的是这样一位长期热衷于地方事务的皇帝吗？我曾亲自沿着秦始皇的巡行路线实地走访，考察当地的自然景观。结合这一考察成果，我想探求秦始皇祭祀山川大海活动背后的目的。

《史记》对秦始皇二十六年的记载

从秦始皇二十六年（公元前221年）开始到秦始皇三十七年（公元前210年）的将近十二年里，秦始皇每年的活动都安排得满满当当。《史记·秦始皇本纪》的记事风格至此也为之一变，字数陡然增多。秦始皇二十五年只记载了短短的四十三字，但到了翌年的二十六年一下子增加到九百三十字。司马迁把这十二年中的前六年描绘成统一事业的时代，后六年描写成对匈奴、百越展开对外战争的时代。让我们首先来看一下最初的六年。

《史记》"本纪"记事采用的是编年体，按照年代顺序排列，但很少精确到月份。即便在秦统一的这十二年历史中，精确到月日的也只有秦始皇三十七年即秦始皇去世那年的两条记载"三十七年十月癸丑，始皇出游""七月丙寅，始皇崩于沙丘平台"。记载了月份的也只有两条，同样是秦始皇三十七年的"十一月，行至云梦"和"九月，葬始皇郦山"。但是，出土行政文书中明确记载年月日的却很多。若能充分利用这些出土史料的话，就可以知道在秦始皇二十六年这一统一之年，政治形势是如何以月为单位发生变化的，从中也可以看到《史记》中没有记载的新史实。

对于秦始皇二十六年这一统一之年发生的事件，《史记·秦始皇本纪》的记载并没有列出月份，给人杂乱无章的感觉。我将其内容按照书写顺序，列于书后的年表中（下文请根据圆括号数字参考书后年表对应的部分）。说到秦的统一措施，人们一定会列举如下内容：采用皇帝称号（②），推行郡县制（⑥），统一度量衡、车轨、文字（⑨）等。但同样重要的是，秦为了从理论上证明统一的正当性，开始主张"水德政治"（政治上采用"五德终始"说，参看书末年表⑤），此外还有征服东方六国后，销毁兵器，毁掉宫殿，掠夺宫中的美女，将她们安置在咸阳城（⑬）等功利性措施，这些恰恰可以反映秦帝国的统治本质。秦始皇有意将六国的武器熔化后制作成底座，架起秦的编钟（音阶不同的一排钟），以秦的音调来弹奏音乐（⑧），这类行为到底有什么意义，我们很有必要深入挖掘。

统一记事空白之谜

如前所述，《史记》中有如此多的记载，但出土史料《编年记》秦始皇二十六年这一栏却完全是空白。南郡的地方官吏难道不知道秦始皇二十六年秦灭六国统一天下这件事吗？难道司马迁在《史记·秦始皇本纪》中罗列的那些所谓的统一事业在当时并没有付诸实施吗？

另一方面，随着被废弃在古井中的里耶秦简行政文书的出土，我们见到了秦始皇二十六年几乎全部十三个月（这一年是闰年）的文书，岳麓秦简《奏谳书》中也有秦始皇二十六年九月己卯朔的文书。更值得关注的是，古井中出土了一枚讲到统一的诏版。它表明，中央发布的统一宣言确实传达到了地方。但是其内容很杂乱。我们首先按时间顺序梳理一下《史记》秦始皇二十六年的历史记载。

秦始皇二十六年这一年从十月开始,到十二月为止的三个月是冬天。秦王被东方齐人邹衍的"五德"思想所吸引,选择五德(木火土金水之德)中的"水德"作为王朝之德。一般认为,秦采用水德是为了强调秦所克的是"火德"的周。水德对应的数字是六,季节为冬季。秦大概就是在十月灭掉六国中最后一个国家齐国的(①)。随着冬季的开始,形势发生了巨大变化。在这种情况下,中央召开了重要的御前会议。会上宣布采用皇帝称号(②),施行郡县制(⑥),同时改称百姓为"黔首",为了庆祝统一,赏赐百姓酒肉,允许举行酒宴(⑦)。之后秦始皇下达了一连串符合水德的政令(⑤)。

此外,秦在很多度量衡器上铸造了诏版,上面铸刻着"廿六年,皇帝尽并兼天下诸侯,黔首大安,立号为皇帝,乃诏丞相状、绾,法度量则不壹歉疑者,皆明壹之"的文字。由此可知,这一宣言诏书是下达给中央丞相的。皇帝通过丞相向中央和地方的所有官吏传达"秦第一次兼并天下"的信息,宣布要统一度量衡、车轨和文字(⑨)。

而根据里耶秦简的记载,秦始皇二十六年三月,洞庭郡迁陵县制作了名为《司空卒算簿》的文书,调查刑徒劳动力情况。秦统一后不久,就将秦王陵改称为"皇帝陵",这项土木工程需要大量刑徒作为劳动力。五月迁陵县启陵乡有十七户人家迁走。当时郡县下设乡、里,管理民间的共同体。八月管理刑徒的司空向上级报告借出的公家船只没有如期归还的事项。这些材料表明,天下刚统一时,地方官吏都在为中央忠实地工作着。

但是六月发生了一起越人封锁城门谋反的案件,九月又发生一起与反抗秦统治的反寇(叛乱集团)交战的事件,这就是统一的现实,它表明仅仅依靠中央发布的统一宣言,并不能马上实现地方的治理。这种现实也促使秦始皇下决心亲自赴地方巡行。

废弃在古井中的统一诏版

里耶秦简是2002年在湖南省龙山县里耶古城的一口古井中发现的秦代简牍,数量多达三万八千余枚。古井深14.3米,其中有一块宽27.4厘米、纵长12.5厘米的木版(图5-1)。木版上的内容与《史记》有关秦始皇二十六年统一的记载相一致,是极其珍贵的史料。它将秦始皇统一时中央颁布的诏书内容加以简化,分条书写,为地方官吏提供了方便。水井若能保持地下水位,就是珍贵的水源,但如果地下水位下降,水环境发生变化，水井就会变成枯井。位于地方官府里的这口古井后来变成了行政文书的废弃场所，但在我们看来，它却是极好的文书保存库。

后来，2013年人们又在湖南省益阳市的古井中发现了战国到秦汉、三国时期的简牍，多达五千余枚。湖南省长沙市走马楼古井中曾发现了超过十四万枚的三国吴简，令世人瞩目。此外在长沙市其他古井中还发现了一万余枚西汉武帝时期的简牍。现在湖南省已经成为古井考古学的中心。长江中游洞庭湖附近适宜的湿度和泥土条件，对深埋在地下的墓葬和简牍的保存十分有利。

里耶秦简中有纪年简（记有年号的简），从统一前的秦始皇二十五年开始，到秦二世二年（公元前208年）止。若说秦二世二年，陈胜起义军一直打到咸阳附近，逼近骊山陵建设工地。翌年即秦二世三年（公元前207年），二世被赵高杀死，汉王刘邦元年（公元前206年），秦第三代君主子婴被项羽所杀，秦朝灭亡。据说，根据土壤中的植物判断，木牍被投弃到里耶古井的季节是夏季转入秋季的两个月。它意味着这些行政文书是在秦帝国崩溃前夕被投弃到古井中的。

我们再回到诏版的话题，这个诏版分为两排，记载了五十四个事项，用小篆而不是隶书书写。里耶秦简诏版逐条列出统一前的制度在统一后应当改作什么，主要是把"王"改成"皇帝",并逐条列出了更改细则。

比如,要将王的"命"改称为皇帝的"制"(图5-2的35—37,下同),王的"令"改称为皇帝的"诏"(29),这些在《史记》中也有记载。"制"指皇帝的一般性命令,"诏"是将臣下的审议结果上奏,得到皇帝批复后再下达的文书。但是,诸如"王游(巡行)"改称为"皇帝游"(43),"王猎(狩猎)"改称为"皇帝猎"(44),"王犬(猎犬)"改称为"皇帝犬"(45)等,则不见于《史记》。连秦王狩猎时携带的犬,从此都要改称为皇帝犬,由此可窥知,对迎接皇帝巡视的地方官吏来说,比起统一宣言,迎接巡视的各项工作才更为重要。

以前写作"皇"的字现在要严格写成"皇"字(16),这个命令显然是在强调"皇帝"这一新称号。湖北省出土的龙岗秦简中出现了两次"皇帝",但两个"皇"的写法不同(参见本章篇章页)。这么重要的"皇帝"两个字都出现了两种写法,这是件很有意思的事儿。皇帝称号的提案是在中央讨论的。地方官吏虽然没有参与讨论的过程,但却必须用小篆或隶书认真书写"皇帝"这两个字,并且他们对接待皇帝巡视和狩猎的工作也丝毫不敢怠慢。

实际上其中有一些特别值得注意的重要记述,即

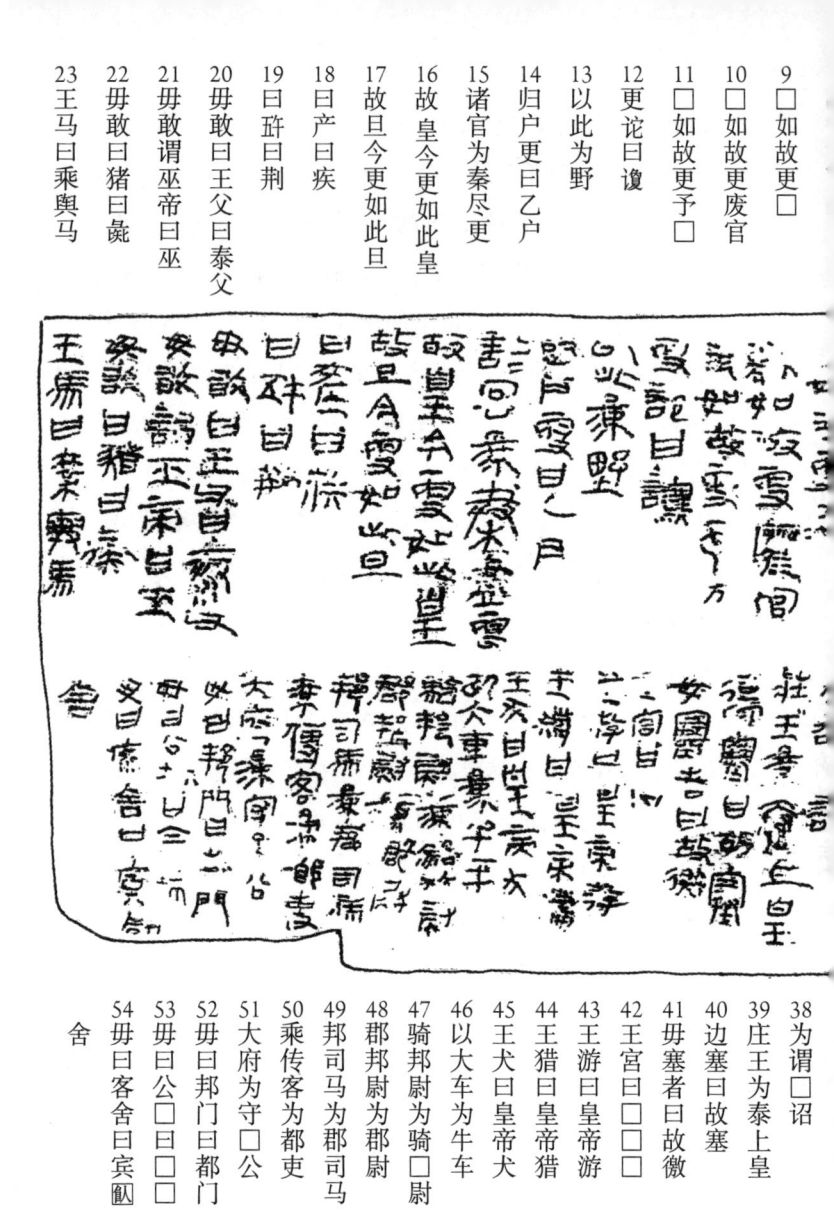

9 □如故更□
10 □如故更废官
11 □如故更予□
12 更讼曰谚
13 以此为野
14 归户更曰乙户
15 诸官为秦尽更
16 故皇今更如此皇
17 故旦今更如此旦
18 曰产曰疾
19 曰玗曰荆
20 毋敢曰王父曰泰父
21 毋敢谓巫帝曰巫
22 毋敢曰猪曰彘
23 王马曰乘舆马

38 为谓□诏
39 庄王为泰上皇
40 边塞曰故塞
41 毋塞者曰故徼
42 王宫曰□□
43 王游曰皇帝游
44 王猎曰皇帝猎
45 王犬曰皇帝犬
46 以大车为牛车
47 骑邦尉为骑□尉
48 郡邦尉为郡尉
49 郡司马为郡司马
50 乘传客为都吏
51 大府为守□公
52 毋曰邦门曰都门
53 毋曰公□曰□
54 毋曰客舍曰宾飤舍

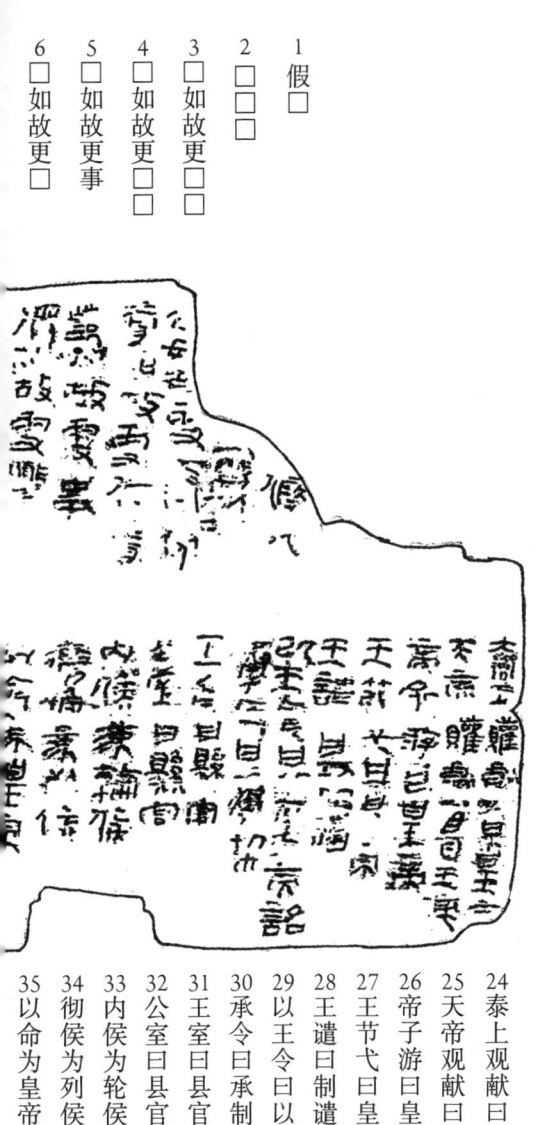

1 假□
2 □□
3 □如故更□
4 □如故更事
5 □如故更□
6 □如故更□

24 泰上观献曰皇帝
25 天帝观献曰皇帝
26 帝子游曰皇帝
27 王节弋曰皇帝
28 王遣曰制遣
29 以王令曰以皇帝诏
30 承令曰承制
31 王室曰县官
32 公室曰县官
33 内侯为轮侯
34 彻侯为列侯
35 以命为皇帝

图 5-1 里耶秦简统一诏版

这是中央下达的关于文字使用的指示，很有意思。田野不能写作"埜"或"壄"，而应当作"壄（野）"（13）。猪不能写作"豬"而应当作"彘"（22），出生应作"产"，生病作"疾"（18）。吴应作"岙"（悟的意思），楚（为了避庄襄王子楚的名讳）作"荆"字（19）。关于爵位的名称，规定"内侯（关内侯）"作"轮（伦）侯"（33），"彻侯"作"列侯"（34），传递了将最接近皇帝的第十九级、二十级的爵名改为"伦"（等同）字、"列"（并列）字的意图如下两条：从今往后要将观献（仰视着进献）"天帝"改为观献"皇帝"（25），"帝子"游改为"皇帝"游（26）。"天帝"是主宰万物的宇宙神，此前地方政府也可以祭祀天帝，从今以后要像祭祀天帝一样祭祀皇帝。"帝子"是天帝之子，也就是天子。此前把王巡视地方称为"帝子游"，现在命令他们要改称为"皇帝游"。秦王在战国时期被称为帝子（天子），以区别于帝（天帝），从现在开始要改为接近天帝的"皇帝"（详见后文），它意味着皇帝不再是天帝之子，而与天帝地位相当。这些新内容与下文将要谈到的在中央举行的重大讨论有关。

提出"皇帝"称号议案的御前会议

如前所述，秦王和丞相王绾、御史大夫冯劫、廷尉李斯等大臣在中央召开了重要的御前会议，商议将王号改为新称号的事情。这次会议的整个过程在《史记·秦始皇本纪》中有详细记载。当时，丞相总管行政，御史大夫辅佐丞相，廷尉掌管审判事宜。在必须尽快构建天下统一的政治体制的情况下，秦王本人积极发言。他首先命令丞相和御史大夫，让他们提出在六王之上建立帝号的议案。由于秦昭王为了和自称"东帝"的齐王抗衡，曾自称"西帝"，因此秦王希望找一个可以取代东帝甚至超越五帝的帝号。治理天下这样广阔无垠的土地，"王"的身份是不够的，必须由"帝"来担当。需要说明的是，在古代中国，"王国"（拥有国家为王）和"帝天下"（拥有天下为帝）是两个不同的概念，当时不存在"帝国"（拥国为帝）和"王天下"（拥天下为王）的概念。我们经常使用的"帝国"的历史概念，在中国很少使用，这个词汇是作为外来语翻译过来后才普及的。"国"指被国境线包围的领土，"天下"则指被无垠的大海包围的领域。秦王因为俘获了敌对的六国之王，所以想成为统治天下的帝。正如出土史料所反映的那样，他已经不满足于做"帝子"了。

接到秦王的这个指令后，大臣们借用博士（秦代的官衔）的智慧，从比五帝更古老的天皇、地皇、泰皇那里寻找权威，最后选择了"泰皇"的称号。但大臣的"泰皇"提案和秦王对帝号的要求稍微有些偏离。"皇"和"帝"都是天的意思，大臣们选择了"皇"，没有选择"帝"，然而秦王和臣下意见不同，他更中意"帝"的称号，于是他自己选择去掉"泰皇"的"泰"，保留"皇"字，将"皇"与"帝"组成"皇帝"的称号，形成最终决议。除此之外，他采纳臣下意见，皇帝使用"制""诏"等专有词语，并自称"朕"。

假如没有臣下的提案和秦王的强烈意志，就不会产生"皇帝"这一称号。如果像人们常说的那样，皇帝称号的渊源可以追溯到上古时期的"三皇五帝"的话，那么，"皇帝"就没有超越三皇五帝的意思。"皇"取"煌煌"的意思，被用作形容词修饰"帝"，皇帝就变成了"煌煌上帝"的意思，也就成了超越三皇五帝的存在。"帝"本来有天上世界的帝星（北极星）和地上世界的帝王两种意思，秦王首次将这两种意思糅合在一起。天帝之子比起人间皇帝，更接近超越人间的"皇天上帝"。我们从里耶秦简诏版中祭祀天帝、将帝子改称皇帝的内容，感受到了秦王想超越天子、接近上天的强烈愿望。已经将地上七王的广阔领土揽入自己怀中的秦王，正在不断地向天帝的权威靠拢。

天下一统

这里想重新考察一下"统一"的词义。"统一"这个词，其实在秦代并没有使用过，当时称作"天下一统"。支撑秦朝政治的李斯，从掌管法制的廷尉升迁至行政首脑丞相后，"一统"（下文为了和"统一"相区别，称"一统"）这个词才频繁出现。李斯原来是楚国地方郡的官吏，从别国来到秦，不断升迁至丞相，他立志要在秦王统治下，把从荀卿（荀子）那儿学到的帝王之术付诸实践。所谓"帝业"就是指"天下一统"，"一统"意味着由秦王一人来统领政治，将其以外的六个王都变成臣虏。即使是以前的周王，在分封诸侯的时代，他的统治也没有深入到诸侯的领地，因此不能叫"一统"。

"天下一统"是在空间上"并天下"（兼并天下）。汉代有铸刻"汉并天下"文字的瓦当（房檐上屋瓦向外的部分），用来装饰都城长安的宫殿。这是赞颂刘姓汉朝兼并天下的话。在《史记》中可以见到类似的"秦并天下"的表述。事实上，这句话即使出现在秦瓦当上也不奇怪，但至今尚未发现"秦并天下"的瓦当。根据《易经》的说法，"并"字表示的是人并排站立的样子。前面提到的秦度量衡上铸刻了秦始皇诏书的内容："廿六年，皇帝尽并兼天下诸侯，黔首大安。"意思是秦始皇兼并了战国六王统治的六个诸侯国，结果百姓变得安康。秦的博士叔孙通曾对秦二世皇帝说"天下合为一家"。它不是天下所有百姓都变成一家人的意思。在中国，民不可能变成皇帝的家人或子嗣。这句话的意思是天下不再有诸侯的家，而只剩下秦始皇的家了。我们所说的秦统一天下，意味着秦始皇在政治上实现权力一统的同时，将天下的诸侯合而为一。

李斯进一步把天下改称为"海内"。秦始皇通过消灭临海的燕、齐、楚三国,首次将国境扩展到海滨。李斯说:"今海内赖陛下神灵一统,皆为郡县。"相比不清楚外缘的无限广阔的天下,被广阔无垠的大海包围的领土更容易理解些。"天下"曾经指统一时战国各诸侯国王统治的领土,但当秦与大海相遇,和匈奴、百越等民族相遇时,天下的范围被大大地扩展了。

相传丞相李斯所作的字书《苍颉篇》(又作《仓颉篇》)是一本神奇的书,目前出土了一些相传是汉代流传下来的竹简残片。苍颉是一位传说中的人物,据说他仿照鸟兽的足迹创造了文字。北大汉简中也发现了约1 325个字的《苍颉篇》。其中,"汉兼天下,海内并厕"(汉兼并了天下,海内遵守同一法则)的句子,在秦原本的《苍颉篇》中一定写作"秦兼天下,海内并厕"。通过这本字书学习文字读写的官吏,在学习了文字的同时,也培养了"秦兼并天下""海内世界被统一在同一法规之下"的意识。

巡行意图

下面,来看一下与"一统"密切相关的重要事迹——"巡行"。秦始皇从统一天下的第二年即秦始皇二十七年（公元前220年）开始到三十七年（公元前210年）期间，曾五次巡行全国。秦二世也在元年（公元前209年）仿照先帝进行过一次巡行。直至秦始皇三十二年（公元前215年）的第四次巡行，《史记·秦始皇本纪》的记载基本上都以巡行为中心展开。《史记·封禅书》论述的是历代帝王的封禅祭祀，但记述秦始皇的部分仍以巡行为中心来书写。

在都城咸阳处理政务的皇帝走出都城，去地方巡视，称作"巡狩巡幸、巡行"。有时也称作"出游"或"游"。"游"通"遊"，不是游玩的意思，而和游学、游牧的"游"意思相同，指没有明确目的地的旅行。"游士"指游说之士。不仅仅是皇帝，普通人的旅行也叫"游"，但若说"幸"就只限于皇帝使用。"游"是离开日常居住地的行为，在古代中国，旅行会遇到各种不便。皇帝出发的日子要经过慎重选择，皇帝在旅行中走过的道路两侧还要进行清洁祭祀活动。秦始皇第五次巡行特意选择了在年初十月的癸丑日这一天出发。

前面提到的里耶秦简中，皇帝的"游"和"猎"被区分开来（图5-1中的43、44）。上古的帝王把巡行称作"巡狩"，强调要进行狩猎之事。秦始皇所进行的狩猎，指专门到地方郡县和海边巡视，登上山岳，在那里为祭祀而立石。

自从1991年我和复旦大学历史地理研究所的周振鹤教授一起考察秦始皇东方巡行路线以来，我曾想尽办法，四次重走秦始皇巡行路线，获得了一些《史记》中没有的信息。中国近年来也逐渐开始重视对秦始皇巡行的实地调查。2010年，山东大学东方考古研究中心和中国国家博物馆、山东省文物考古研究所合作，对秦始皇东方巡行的目的地之———重要的战国"齐八神"之地进行了实地考察。2015年，我也参加了这项考察，和专门研究齐八神的故宫博物院考古研究所的王睿女士一起参观了成山的日主遗址。我切实感觉到，与以往不同，现在，人们对祭祀遗址的考古调查正在一点一点展开。

挑战泰山封禅

秦始皇二十八年（公元前219年）即统一的第三年，秦始皇毅然决定开始巡行东方。根据记载，他首先登上邹地的峄山，接着登上北边一百公里外的泰山。峄山只有545米高，由于土壤流失，表层为巨大的奇特岩石所覆盖，形成神秘的景观。秦始皇在峄山山顶上立石祭祀，之后终于登上泰山。虽然秦始皇消灭了六国中最后的齐国，宣布"天下一统"，但他很可能还没有"一统"的切身感受。而且，为了证明"一统"的正当性，也有必要举行唯有受天命的帝王才能举行的封禅仪式。

封禅仪式包括祭天的"封"和祭地的"禅",封和禅都是祭坛的意思。秦始皇在泰山祭天,在它东南方的徂徕山南麓,海拔仅288米高的梁父山祭地。即便对战国时的齐王来说,也只有泰山的地位最为特殊,但由于齐国未敢在那里举行封禅仪式,所以齐八神中名列第一的祭祀天主的场所并不是泰山。做了霸主的齐桓公曾想在泰山举行封禅礼,但受到管子的责备。最终齐国在都城临淄东南方向约120米高的蛟山上举行了祭天仪式,五眼泉水涌出注入淄水的地方叫作"天齐"(天的肚脐),齐国的国名也由此而来。

秦此前也在自己境内举行了天地的祭祀,但是现在渴望成为"天帝"的秦始皇,要登上黄帝、禹、殷汤王、周成王等七十二贤君举行封禅仪式的泰山进行祭祀。秦始皇一定认为,假如他举行了周成王以来一直中断的封禅大礼,就会让天下人认可这场以秦代周的"革命"。

位于东方大平原中央的山东丘陵,平均海拔高度只有500米左右。中国地形西高东低,西部有很多高达数千米的山脉。如果是想更接近天的话,登上这些山就行了。但是秦始皇并没有这样做,这是因为当时人对坐落在东部低洼的黄河下游大平原中央的山东丘陵心存畏惧。

就连黄河也从南北两面避开山东丘陵，注入东部大海，这样的泰山给人的威严感远远超过了它实际1 524米的海拔高度给人的感受。人们常常将泰山和黄河并列，更增添了它的威严。李斯曾说："泰山不让土壤，故能成其大。"意思是，无论多小的土块都含纳包容，所以才能够成为巨大的山岳，正如黄河接受了多么细小的河流才成为大河。

泰山是面向南敞开的山岳，溪水在东西排列的溪谷间流淌，向南流去。人们沿着这条溪流，从中央的斜坡可以登上泰山山顶。南面山坡有进山的路，现在的人可以踏着7 412个石阶登上山顶。顺便说一下，"泰"的小篆字形为"𠬢"，大字的下面是由两只手和水组成。里耶秦简中的"泰"作"𠬢"，字形独特，很像泰山的地势。当然，秦始皇时期还没有石阶，当时他是坐乘舆沿着南坡山道登上山顶，并在山顶上立石的。

当时的儒生说，古人封禅时，用蒲穗包裹车轮，以免压伤山上的石头和草木。对于如此崇拜泰山的东方儒生来说，恐怕很难接受西方的征服者秦始皇的封禅。《史记·封禅书》记载，儒生说"秦始皇在登泰山途中遭遇了暴风雨，未能封禅"。这是汉代儒生说的，连司马迁都认为这种说法是编造的。站在儒生的立场来看，泰山发生暴风雨就是在阻止征服者秦始皇进行封禅，但现实中封禅礼肯定举行了。《秦始皇本纪》记载，秦始皇一行在下山途中遇到暴风雨，于是在一棵松树的树荫下休息，秦始皇赐给这棵树第九级爵位，即五大夫爵。由此可知，暴风雨发生在封禅结束后下山途中。现在在泰山云步桥还残存着五松亭，五松亭的松树可能是后来不知什么时候根据《秦始皇本纪》的故事种植的。

《封禅书》还记载，秦始皇从泰山南侧登顶，在山顶立石，从阴道（北坡）下山，在梁父山举行了禅的祭祀。但《秦始皇本纪》记载，秦始皇下山路线和来时一样都是走的泰山南侧，走了一个往返，如果真是这样的话，那么，五大夫树就应当像现在一样在南面的登山道上。但事实究竟是怎样的呢？

我们拿到了泰山上空的航拍照片，可以作为考察的一个线索。虽然不太为人所知，但泰山北侧确实有一条山路。泰山南侧过去是鲁国的领土，如果从北面下泰山的话，进入的是战国齐境内。在泰山北麓，东西横亘着战国时期齐国的长城。如果秦始皇这次巡行的最主要目的是向召集来的七十位齐鲁儒生和博士炫耀自己功业的话，那么，取北侧路线下山效果最佳。或许，在泰山北麓的山道上，那棵用来避雨歇息的树在默默无闻地生长着。

遭遇东方大海

秦始皇统一后继续将都城设在关中。函谷关西面的关中与东方的山东相对。他把关中咸阳设为都城，建立的就是一个内陆帝国。秦始皇确实是以内陆的关中地区为经济基础，歼灭东方六国，建立统一帝国的。但是从巡行路线来看，相比南北而言，秦始皇强烈意识到了东西方地区的差异，他亲自到了东方的大海。如果我们考虑到这一点，就不能断言秦是一个内陆帝国。

直至战国时期，秦都是一个被河山四面包围的内陆国家。四塞之国在战国时期能够在军事上处于优势地位。秦始皇平定了中原国家韩、魏、赵，进而灭了东方沿海国家燕、齐、楚。统一了天下诸侯的秦始皇，可能就是从这时才开始意识到东方辽阔大海的。

秦始皇在渤海沿岸的碣石和东海（现在的黄海）沿岸的琅邪台建造起壮丽的离宫，这和他向往大海的心态是一致的。秦始皇还在今连云港的海边修建了秦帝国的东门。东门和都城咸阳几乎在同一纬度上，两者可以连成一条直线。顾名思义这是帝国的东西轴。秦始皇在沿海树立的刻石（碣石、之罘、东观、琅邪台）上，都记述了他东临大海，回顾了走向"天下一统"的历程。秦始皇亲临大海后，切实感受到天下就是被大海包围的

"四海""海内"。现实中的"天下一统"指吞并东方诸侯，但当秦始皇面向大海时，他想建立一个把眼前的东海也囊括进去的帝国。帝国国境的北面为长城所包围，东面则为大海所包围。可以说秦兼具了内陆帝国和海洋帝国两方面特性。

东方海域并不仅仅只是让秦始皇意识到了"天下"这个概念。战国时期的海洋国家齐国是一个山海之国，是一个被东部的琅邪、北部的渤海、西部的济水、南部的泰山包围的四塞之地。虽然齐和秦一样都被称作四塞之国，但是，齐国与秦国的"内陆四塞"不同。齐国都城临淄的人口有七万户、三十五万人，是一个大都市。其经济很大程度上依靠"鱼盐之海"即海产资源。燕国北面也和胡人接壤，但它东面是朝鲜、辽东，南面面向碣石之海。据说，这块位于渤海与碣石之间的土地素有"鱼盐枣栗之饶"的说法。秦王朝把这些海洋国家的资源也控制在自己手中。

秦始皇从齐国临淄沿着渤海海岸，行进到山东半岛最东端。行进路线经过寿光县。据说北魏《水经注》记述的秦始皇观海台就在这里。近年，这里出土了祭祀用的青铜乐器和祭祀器皿，此外考古人员还发现了祭祀建筑物的地砖。附近还出土了商周时期制盐工场的遗址，以及地下十米深的水井，由此可知当时制盐不用运来的海水，而是汲取比海水浓度高数倍的地下水，装入陶器后煮沸后制作的。现在采取的方法是，把从地下八十米深处汲取上来的水抽入盐田，利用太阳光慢慢使水分蒸发，令其结晶。据测定，这里的地下水盐分浓度高达13.7%，是海水浓度的四倍。西汉时期，以寿光县为代表，在渤海沿岸的山东半岛设立了十一个国营盐官（管理制盐的机构）。全国沿海地区总共设立了十六个盐官，其中大多数集中在这里。秦始皇也当然得到了这个地方的海盐资源。

1996年以后在西安发现的"秦封泥"可以反映秦始皇巡行与这些资源的关系。所谓"封泥"，就是用绳子捆在物资或文书上，在打结的地方粘上一块黏土，在黏土上按上发信官吏的印章，令其凝固（图5-2）。集中出土超过五千件封泥文物的场所，应该是专门用于集中存放各种物资的地方，而不仅仅是咸阳的一个普通宫殿或官署。我曾在中国发表论文，推测这个地方可能靠近秦的极庙，亦即秦始皇死后被用作寝庙的地方。当时来自全国的用于祭祀的特产物资都集中到这里，所以在这里我们可以见到管理禁苑（皇帝宫殿或园林）、金、盐、柑橘等机构的封泥。我们也由此知道，在长江江口设有江左盐丞、江右盐丞等制盐工场机构。秦始皇一方面祭祀山川大海，另一方面也充分认识到山川大海作为经济

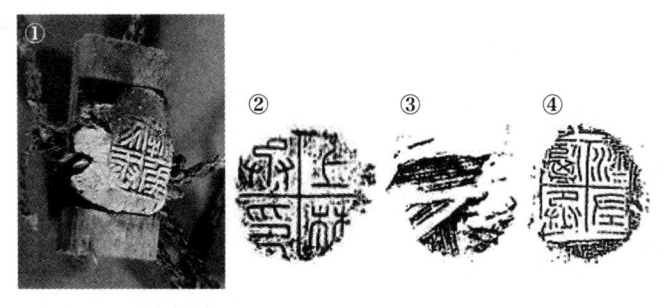

图5-2 封泥实物（《马王堆汉墓文物》，湖南出版社，1992年）
① 使用封泥的例子（马王堆西汉墓），在捆绑的绳结上附上黏土，按上印，将其封上
② "上林丞印"封泥。上林苑是阿房宫附近的皇家御苑
③ "上林丞印"封泥背面。可以看到捆扎物品的竹篾等痕迹
④ "江左盐丞"封泥。由此可知是从长江下游的制盐工厂运送到都城咸阳的

资源的重要性。地方祭祀时要求当地政府供奉当地的特产，中央祭祀时则要让他们把这些特产运到中央进献。

祭祀齐国八神

秦始皇虽然灭了齐国，但却接受了齐国的五德思想和八神祭祀。根据《史记·封禅书》的记载，"八神"是指天主（在齐国都城临淄泉水涌出的"天脐"之地祭祀天）、地主（在泰山附近的梁父山祭祀地）、兵主

图5-3 齐八神祭祀场所（照片②由王睿提供）

（在齐国的西部边境祭祀兵神蚩尤）、阴主（在形似三神山的渤海沿岸三山之地祭祀阴气）、阳主（在突入渤海的芝罘岛的南面祭祀阳气，现在把"之罘"写作"芝罘"）、月主（在可以望见渤海的莱山祭祀月亮）、日主（在山东半岛东端的成山迎接日出、祭祀日主）、四时主（在齐国东部的琅邪台祭祀四季）。齐国祭祀的场所分散在丘陵、海边等自然景观之中（图5-3）。

秦始皇第二次巡行时进入齐都临淄城，毁掉了齐国的社稷、宗庙，但却留下了八神，在巡行时逐一拜访了八神之地。秦始皇在第三次、第五次巡行时，也拜访了八神中的一部分，由此可知他对八神的敬畏。秦始皇被上奏的邹衍所著《终始五德之运》中的思想所折服，祈

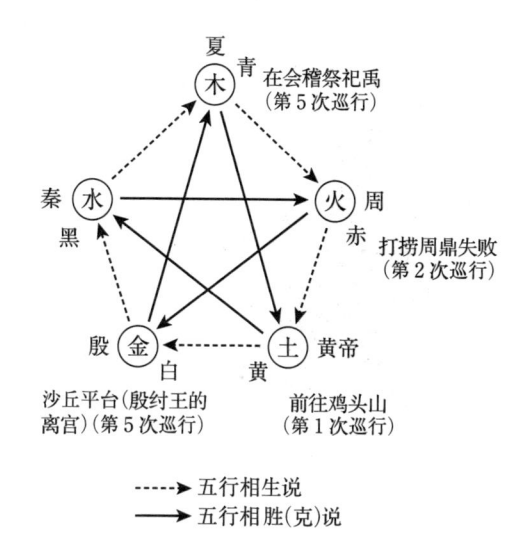

```
            夏
            青
            木  在会稽祭祀禹
               (第5次巡行)
   秦 水        火 周
     黑         赤
                  打捞周鼎失败
                  (第2次巡行)
      殷 金    土 黄帝
         白  黄
    沙丘平台(殷纣王的    前往鸡头山
    离宫)(第5次巡行)    (第1次巡行)

         ----▶ 五行相生说
         ———▶ 五行相胜(克)说
```

图 5-4 "五德"与秦始皇巡行的关系图

祷自然循环可以在八神之地永不停歇地运行（图 5-4）。

山东丘陵仿佛是黄河下游东方大平原上浮出的孤岛。这个大平原东面朝向东方的大海。被黄河、山东丘陵、大海包围而形成的齐国拥有独特的景观，孕育出了八神信仰。在山东丘陵的北部，济水与河水这两条大河向东流淌，注入渤海。当时的济水就是现在的黄河，当时的黄河也叫"河水"，在济水北部，和它平行流动——即便我们说古代在下游地区有两条黄河也可以。当时的河水现在已经干涸，只在沙地中残留了一些

图 5-5 蚩尤画像石（武氏祠）

痕迹。秦将"河水"改名为"德水"，希望黄河之水能像木火土金水五德循环往复永不停止一样，既不干涸也不泛滥。

五德思想虽然扩展到中国全境，但八神信仰仍局限于齐地。秦始皇作为一个胜利者，在全国范围内寻访黄帝、舜、禹的历史遗迹，但八神却是秦始皇的手下败将所信奉的祭祀。

八神中加入了败给黄帝的"蚩尤神"，颇具象征意义。蚩尤和齐国一样同为姜姓，对齐来说，他是国境的守护神。东汉时期，山东人在画像石上将其描绘成一个制造了剑、戟等五种兵器的军神形象。蚩尤相貌奇特（图 5-5）。他的两手、两足和头上都有武器。秦始皇在泰山西南名叫"东平陆"的地方见到了蚩尤神。因为东平陆地处齐国的西部边境,所以蚩尤成了齐国的守护神。刘邦举兵反秦时,也在沛地同时祭祀了黄帝和蚩尤。对于象征天下一统的黄帝和东方人军神的蚩尤,秦始皇没有理由将他们都抹杀掉。如果自然循环停止的话,就会出现旱魃和饥荒,爆发战乱。这就是在自然神的行列中加入军神的原因。

我曾对除了"地主"以外的八神之地进行考察。"兵主"位于黄河泛滥频繁发生的地区,与防范战争相比,它防范黄河水灾的意味似乎更强。面朝大海的"月主""阴主""阳主""四时主",对于生活在内陆的秦人来说颇为陌生——碧绿的大海广阔无垠,简直是另外一个世界。在"阳主"所在的之罘、"日主"所在的成山

图 5-6 成山日主祭祀遗址出土的玉器(玉璧和玉圭,荣成博物馆藏)

都出土了祭祀用的玉璧、玉圭等玉器（图 5-6），人们还逐渐发现了一些祭祀建筑遗址和秦始皇逗留时居住的离宫。山东半岛顶端的成山，三面环海，由于它位于国土的最东端，是适合祭祀日出的理想场所。我曾在春分时节的成山山头，亲眼看见了正东方升起的红太阳照在碧绿的海面上，散发出鲜红的光芒，一点点从海平面升起。大概秦始皇就是在亲眼看见了这种罕见的景象后，才为齐人的强烈信仰所吸引吧：齐人相信，在太阳升起的东方海域上有蓬莱、方丈、瀛洲三座神山。

七刻石的意义

《史记》记载，秦始皇巡行时，在东方的山上和大海边立了七处刻石。峄山、泰山、琅邪台、之罘山（在之罘和东观两个地方）、会稽山这几座山上立着刻石，而碣石的文字则刻在海岸边的岩礁上。琅邪台、之罘山、会稽山都是能眺望到大海的高山。准确地说，秦始皇在祭祀时先立一块天然的石头，祭祀完毕后在石头上刻上文字。现在只有两块刻石的残片被保存下来，所以立石时的情形已不得而知。泰山山脚下岱庙里的泰山刻石只残留了十个字，而且是秦二世为其父亲秦始皇所刻文字的一部分。藏于北京中国国家博物馆的琅邪台刻石，也只有八十三个字，而且基本上也都是秦二世所写。秦始皇时所刻的文章，除了能在《史记·秦始皇本纪》的引用中见到外，其他地方都已经见不到了。

峄山刻石在书法界被视为珍贵的小篆范本，但是现已无存。西安碑林博物馆和山东省邹县孟子庙中也立有两块峄山刻石，但由于它们分别是北宋时和元代时以李斯的小篆书体为范本临摹的，和本来的面貌已有所偏离。我们现在见到的《史记》记载的七块刻石，唯独没有收录峄山刻石的文字。这很可能是因为峄山的原刻石在秦始皇到司马迁时代的一个世纪中被毁掉了。此外，司马迁虽然引用了缺失前半部分的碣石刻石，但司马迁自己并没有注意到它是残缺的。可能因为秦所立刻石上的内容有让东方人感到屈辱的地方，所以他们就将它毁掉了。据说，刻石上记载的内容是，因为六国国王极其贪戾无道，残害百姓，所以秦始皇才组织了正义的战争，成为有德行的圣君。

我曾经尝试做过一些复原这些刻石的工作。虽然刻石的内容过分地夸耀了秦始皇的功业，但我们仍可以发现一些司马迁没有记载的新信息。刻石复原的重点在于刻石全文的字数。夸耀秦始皇事业的刻石文字，其基本格式是每行十二字，十二行，共一百四十四字，每十二个字一押韵（音节开头的声母以外的部分叫韵母，使用

图 5-7 琅邪台刻石（中国国家博物馆藏）是现存的两块刻石之一

相同的韵母叫押韵），然后另起一行。峄山、泰山、之罘、东观刻石都属于这种格式，这样我们就知道碣石刻石恰好缺了开头的三行二十七个字。琅邪台刻石（图5-7）和会稽刻石的字数应当是基本格式的两倍，共二十四行，二百八十八个字，琅邪台刻石仅多了二百零六个字。此外，在秦始皇死后，秦二世巡行时，他在所

```
第四面                          第三面                    第二面              第一面
22 21 20 19 18 17 16 15      14 13 12 11 10 9          8 7 6               5 4 3 2 1
制 臣 矣 昧 丞 之 始 刻       始 皇 昭 靡 訓 貴          鳳 皇 大             治 從 親 廿 皇   作
曰 請 臣 死 相 者 皇 辭       皇 帝 隔 不 經 賤          興 帝 義             道 臣 巡 有 帝   制
可 昧 昧 言 臣 不 帝 不       帝 曰 内 清 宣 分          夜 躬 著             運 思 遠 六 臨   明
   死 死   斯 稱   稱       所 金 外 淨 達 明          寐 聽 明             行 迹 黎 年 位   法
   請 請   臣 成 其            爲 石 化 施 遠 男          垂 既    建                本 登 初          臣
          去 功 於            也 刻 及 於 近 女          于 平 設             諸 原 茲 幷      下
          疾 盛 久            今 盡 無 昆 畢 體          後 天 長             産 事 泰 天      脩
          御 德 也            襲   窮 嗣 理 順          嗣 下 利             得 業 山 下      飭
          史      如          号      永 咸 愼          △    △            宜      周 罔
          夫      後          而      承 承 遵          專 不 順             皆      覽 不
  因      臣      嗣          金      重 聖 職          隆 懈 承             有      東 賓
  明      德      爲          石      戒 志 事          敎 於 革             法      極 服
  白                                   ○ ○ △          誨 治 ○             式      ○ ○
                                                          ○                   ○
```

图 5-8 泰山刻石复原图

秦始皇的表彰文（1—12）和秦二世的追刻文（13—22）

○与△符号是上古音所押韵（分别是 [-ək][-əg]）

有刻石的空白处都追刻了七十七个字（图 5-8）。

秦始皇有意在东方祭祀山川的重要场所都树立了刻石。刻石上的文章表现的是将秦始皇统治正当化的政治性内容，但其中也隐含了与祭祀有关的信息。从之罘刻石、东观刻石的内容可知，秦始皇是在仲春二月（阳历三月春分前）阳气初起时巡行到那里的。而且，据说琅邪台刻石上有"节事以时，诸产繁殖"的句子，意思是如果严格按照季节行事，生产就会变得兴旺。从这些内容可以窥知，秦不想通过军事手段，而想通过祭祀将统一事业渗透下去。正如通常人们所想的那样，秦帝国的疆域如此广阔,仅仅依靠中央宣布统一是无法实现天下大治的。这样我们也就可以理解秦始皇本人多次巡视地方的意义了。

第六章

中华梦

——修筑长城与焚书坑儒（四十七岁）

图片说明：泷川龟太郎《史记会注考证·秦始皇本纪》（全十册，东方文化学院，1932—1934年版，1956—1960年再版）"秦始皇三十四年"

该书也参考了日本传下来的抄本，网罗了中、日的《史记》注释，在中国也获得了很高的评价，2015年上海古籍出版社出版了重新排版、修订的整理本，方便阅读。

秦始皇二十六年统一后，秦王朝持续了六年的"和平"期，其中，秦始皇的第四次巡行成为转折点——他第一次选择了北方路线，这是统一后首次进入六国中最靠北的燕国之地。燕就是秦始皇还是秦王时，策划暗杀未遂事件的那个国家。秦始皇没有进入燕的旧都城，而是巡访了传说中禹曾去过的美丽的海滨碣石。秦始皇住在新建成的宏伟离宫中。就像在琅邪台会见了方士徐市一样，在这里，他遇见了燕国方士卢生。秦始皇命卢生去寻找长生不老的仙人，卢生却意外地献上预言秦灭亡的《录图书》，这成为秦始皇利用这个传说开始大规模军事行动的契机。

秦始皇三十二年，秦国军队夺取了北方匈奴的边境之地，不久又将战线扩大到南方百越边境地区。以这场南北同时进行的战争为契机，秦始皇想再次巩固军事体制。他下令修筑万里长城，并修建军事道路直道，将长城与都城咸阳直接连接起来，并在都城建造宏伟的宫殿阿房宫。他将长城以外的周边民族视为夷狄，强调中华世界的存在。秦始皇还在东方海滨设置帝国大门，这一时期的政策与秦始皇二十六年的统一政策阶段相比发生了明显的变化。

在这种强调"中华"与"夷狄"差异的战时体制时代，秦始皇推行了焚书坑儒政策。如果我们脱离时代背景单独来看焚书坑儒政策,就会和其他人一样,认为这是暴君秦始皇对儒家进行的全面打压。但是注重法治的秦始皇真的会干出这样的暴行吗?我们在看待这个问题时,显然应当考虑到历史背景中的新的战时体制。让我们来重新考察一下秦始皇三十二年(公元前215年)到秦始皇三十五年(公元前212年)这四年间的历史过程。

丞相李斯的新战争

秦始皇在统一全国六年后再度发动战争。与"天下一统"时的战争相比,这次的新战争有着不同的目的。在统一战争时,秦军自称是正义之师,要将百姓从暴虐国王的统治下解放出来,消灭六国,在天下推行郡县制。现在这场战争则要保护已经郡县化的帝国免受外部蛮夷入侵。古代战争也需要有正当的理由,即师出有名。当秦始皇前往东部海滨巡行时,昔日的敌人六国已经消失,但南北方出现了新敌人蛮夷。在经过短暂的休息之后,战争再度爆发。

但是这场战争的目的并不是要消灭蛮夷并令其臣服。秦始皇想要让秦帝国周围保留蛮夷,构建一个中华世界与蛮夷世界相对立的格局。总之,秦始皇三十三年(公元前214年)以后,秦开始了追寻从"天下一统"

的"秦帝国"向"中华帝国"的转变,开始追寻进入帝国第二阶段的梦想。虽然在秦始皇二十六年消灭了六国,但当时的秦还不能称作"中华帝国"。秦始皇在看到东方的大海,了解到天下是一个无限的世界之后,才开始考虑建立一个能向蛮夷世界展示威信的"中华帝国"。

积极推进对外战争的是丞相李斯。回顾一下历史就会发现,在秦实现"天下一统"的帝王之术的第一阶段,实际发挥重要作用的是廷尉李斯。廷尉是中央丞相(行政)、御史大夫(监察)、太尉(军事)之下的九卿之一,负责审判事务。对于当时的李斯来说,所谓的"一统"就是在旧六国之地彻底贯彻秦的法治,依据法律对那些违反了行政文书、度量衡、车轨等标准统一化的官吏进行严惩。

现在李斯终于成了皇帝身边最信任的人,升迁至行政最高负责人——丞相。他不仅要在法制上"一统"天下,还想在空间上创建一个帝国体系。刚刚统一时的秦以西部的流沙(沙漠)、东部的东海这些天然屏障作为帝国的边界。秦始皇本人通过此前的四次巡行,在西部巡视了战国秦长城内的陇西高原,在东部亲眼目睹了渤海和东海海域。与东西相对,帝国的北部叫"大夏",南部叫"北户",但国境在哪儿却模糊不清。所谓"大夏",指自称夏王朝后代的匈奴等北方游牧民族杂居的北方地区。"北户"指为了躲避酷暑,将窗户设在背阴的朝北一面的南方地区。在这些不清楚具体国境线的南北方的土地上,李斯开始了战争,以便与蛮夷明确划分疆界。

上文提到的《苍颉篇》是丞相李斯编纂的用于教育官吏的字书,其内容反映了这一时期的政治状态。北大汉简《苍颉篇》中发现了一些我们以前未见过的内容。"胡无噍类"的意思是秦人将北方的胡称作"不毛之地",可以看出对胡人的蔑视之情;尽管秦本身也曾被称作"西戎",但现在从"戎翟给宾"[a]之语却可以感受到它作为中华的主人接受戎翟朝贡的自负。

"亡秦者胡也"

在殷周到春秋战国时期的中国,杂居着各种不同的民族。在总称"戎狄""戎夷""戎翟"的民族中,有"犬戎""山戎""义渠"等族。犬戎将周幽王杀死在骊山脚下;山戎曾穿越燕国,南下到山东,与齐国作战;戎狄赶走了周襄王,在洛邑附近的陆浑留居下来。晋文公曾驱逐戎翟。秦穆公使西戎八国臣服,成为西戎

---

a 译者按:翟,也作"狄"。

的霸主。秦昭王的母亲宣太后虽与义渠的戎王发生关系，生了两个儿子，但是后来秦国杀死戎王，灭了义渠。另一方面，北方游牧民族又总称为"胡"，有"林胡""楼烦""东胡""匈奴"等。匈奴在古代被称作"荤粥""猃狁"。战国七雄被称作"冠带之国"，即流行头戴冠、腰系带等中华风俗的国家，与游牧民族身着短袖、长裤的胡服习俗不同。但在现实中，无论是在战国时期还是在统一的秦国时期，穿着文风冠带和武风胡服的人总混居在一起。

与秦始皇同时代的匈奴首领叫头曼单于（？—公元前209年），是一位强有力的领导者。"头曼"（chumen）是匈奴语，意思是万人之长，"单于"的意思是广阔的天。一望无际的绿色草原和蔚蓝的天空相印衬，匈奴王统治着这样的草原，被认为是上天所立的。有意思的是，几乎在同一时间，秦王赵正也改用和天帝相匹敌的"皇帝"称号。《史记·匈奴列传》虽然没有把两个统治者联系起来，但他们的举措或许是有关联的。这两位都信奉上天的君主的军队，为了争夺河南（鄂尔多斯）草原发生了军事冲突，这场争夺战以秦方的胜利而告终。

在六国灭亡后，秦始皇才开始察觉到蛮夷的威胁，让他意识到这一点的就是头曼单于的存在。秦始皇三十二年，秦始皇北巡至长城脚下。虽然两人没有碰面，但这次巡行确实是两国最接近的时刻。

秦北接匈奴，西临月氏。从中原的角度看，战国以前的秦实际上没有参加过中国（中原）诸侯的会盟，仍是夷狄之国。最初周王只封给秦国"伯"的爵位。直到穆公和孝公时，秦国才得以加入诸侯的行列。此后，秦始皇的曾祖父昭王曾一度自称"西帝"，秦王开始具备与"东帝"齐王平分天下之势。

中原认为秦国原本的领土偏僻遥远，但在秦国看来，无论是东方的中原还是西方的流沙都是刚刚开辟的新土地。匈奴头曼单于特意将太子冒顿送到月氏国去做质子，应当也是为了与秦始皇相抗衡。此时的月氏国以玉石交易闻名，控制着祁连山脉沿线河西走廊的交通要道，秦帝国的西部疆域最多只到达陇西地区。

秦始皇三十二年，秦始皇第四次巡行，首次巡视北方后途经上郡返回咸阳。他亲自观察了匈奴的动向，认为铲除匈奴的时机已到。除了丞相李斯，他显然没有其他可以委以重任的人选。燕人卢生似乎就是在接到李斯的授意后，才献上了《录图书》。书上写着"亡秦者胡也"。"图书"指河图洛书，意思是从河水（黄河）和洛水中发现的预言书。后来东汉的大儒郑玄解释说，"胡"指秦二世胡亥，秦人不知道这是人名，就把它曲解为北方的胡人。不过李斯偏偏要把"胡"解释为匈奴，从预言书中寻找攻打匈奴的正当理由。秦始皇马上派蒙恬将军发动三十万兵力，攻打胡（匈奴），夺取了河南地（河套以南之地，今内蒙古鄂尔多斯一带）。

秦始皇和头曼单于两人碰巧在同一年先后死去。秦始皇死后，幼子胡亥杀死长子扶苏，做了太子，即位为秦二世（见第七章）。同年，头曼单于也想立幼子，却被太子杀死，杀死自己父亲的太子做了冒顿单于（公元前209—前174年在位）。我们可以将两者王位继承的结果进行对比。秦二世导致了秦帝国的灭亡，而冒顿单于则建立了更为强大的匈奴帝国。

西、北、东三面被河水（黄河）包围的丰茂草原地带在明代以后，根据居住在这里的蒙古部落被命名为"鄂尔多斯"。秦时这里叫"河南"。头曼单于统治的匈奴占据着这片丰茂的草原。秦始皇也需要这片辽阔的草原，哪怕只是为了饲养国家的军马，维持强大的军事力量。

连接沙漠与大海的长城

战国时期，秦、赵、燕三国与北方游牧民族接壤，中原人因害怕胡人南下修筑了长城。长城也被称作"塞"。越过长城叫作"越塞"，无论是从长城内出去还是从长城外进来，越塞都被严格禁止。城墙被连成一条直线，以防御数十万规模的骑兵入侵。高两米、厚约两米的城墙能够起到很好的阻拦作用。这是为了对抗战国时期出现的机动性很强的骑兵军团而产生的新创意。由于战国各国都采用了骑兵战术，所以他们竞相在国境上修建长城。长城不只修建在北部边境，也修建在内地。

秦在土壤充足的地方用版筑的方法修筑夯土长城，在土壤缺乏的干燥草原地带修筑石长城。宁夏回族自治区固原的平原就残留了很多战国秦的夯土长城。另外，内蒙古自治区固阳县阴山山脉沿线丘陵的山脊上残留着统一后的秦代的石长城（图6-1）。阴山多岩石，秦人用一块一块平整的石片精心堆积起长城，即使没有黏合剂，一层层累积起来的石头产生的自上而下的重量也能使它足够牢固了。高四米、厚四米的石城墙修建在山脊上，非常引人注目，起到了威慑北方游牧民族的作用。

秦始皇三十四年（公元前213年），秦始皇修筑了从临洮到辽东长达一万余里的长城。它就是我们所说的万里长城。秦长城并非都在这一时期所建。统一后的秦国将头曼单于军队从鄂尔多斯驱逐出去后，在河水（黄河）与阴山山脉之间修筑了石长城，这一段花费的力气最大。其东段沿用了赵、燕两国的长城。万里长城将蛮夷与中华明确地区分开来。

图 6-1 秦长城（内蒙古自治区固阳县）

　　统一后秦国的石长城，南面紧挨着河水（黄河），河水与长城平行流淌。河水对秦来说就是母亲河，从东西两面环抱着秦的领土。如前所述，秦在统一时特意将河水改名为德水。"河"字的字形原本如同巨大的激流曲折流淌一般，"德"字像秦始皇刻石中那样被写成"悳"，像河流笔直舒缓流动的样子。但是秦未能全部控制河水上游流域——匈奴控制着贺兰山脉到阴山山脉之间的河水流域。头曼单于可以随时从阴山山脉渡过缓慢流淌的河水，进入鄂尔多斯草原。但是，秦始皇的军队却不能越过为了避让鄂尔多斯草原而斜向修建的战国长城。和游牧骑马军团相比，秦始皇的军队在实力上还有一些差距。秦在与东方六国交战时，没有余力和周边民族为敌。但现在秦国沿着河水，在贺兰山脉地区设置了三十四个县城，还在阴山山脉地区修筑了长城。可以说，它终于把河水纳入自己境内。

秦的万里长城在阻挡北方游牧民族南下方面确实卓有成效。但是，很少有人注意到，秦长城一直延伸至东面大海。如果秦长城原封不动地继承西起造阳（位于今内蒙古自治区）、东至襄平（辽东郡）的燕国长城，那么秦长城的东端也应该在襄平。襄平县是辽东郡的首府，位于辽水的东面，就是现在的辽宁省辽阳市。因为现在的人无法完全确认秦统一后的长城是不是从临洮到辽东，所以秦的万里长城地图有几个版本。有的将东端定在襄平县，有的定在鸭绿江的河口即现在的丹东市，有的定在越过鸭绿江靠近朝鲜的平壤，等等。谭其骧先生的《中国历史地图集》将长城的东端定在平壤西部的海岸上，这可能更接近史实。秦之所以重视辽东半岛，是因为这里是燕和匈奴、朝鲜交会的重要地区。他可以在此切断三者之间的联系。为此他需要将长城的东端设在大海之滨，掌握渤海的制海权。

通往草原和沙漠的道路

秦始皇三十五年（公元前212年），秦始皇在石长城的新国境线上修建了"直道"这一古代军事"高速公路"，以便迅速调动驻扎在首都咸阳的军队（图6-2）。从长城最北端的九原郡地区（今内蒙古自治区包头市）到云阳（今陕西省淳化县）全长1 800秦里，两地直线距离约合700千米。直道的起点避开了咸阳，设在郊外的云阳，由五万家移民驻守。传说位于云阳的甘泉山曾是匈奴祭天的地方，因此这里原本是戎狄之地。在溯泾水而上的高原之上，有供皇帝躲避咸阳酷暑而修建的离宫林光宫。在林光宫的北面，版筑的坚固道路通往海拔1 600米左右的子午岭高原。

近年来，陕西省考古研究院秦直道考古队的张在明先生和黄晓芬女士（东亚大学）等人在进行直道调查工作。他们确认《史记》"堑山堙谷"的记载实际是"将山体斜面的土石削平，填入低洼的山谷"。直道平均宽度30米，最宽处可达50米。

在黄土高原上修建道路，最棘手的问题就是黄土本身。修建者们为了避免道路沿着黄土高原特有的纵横交错的侵蚀沟谷迂回，选择了在笔直延伸的山脊上修建，极大地缩短了修建时间。沿着山脊修建道路，还可以避

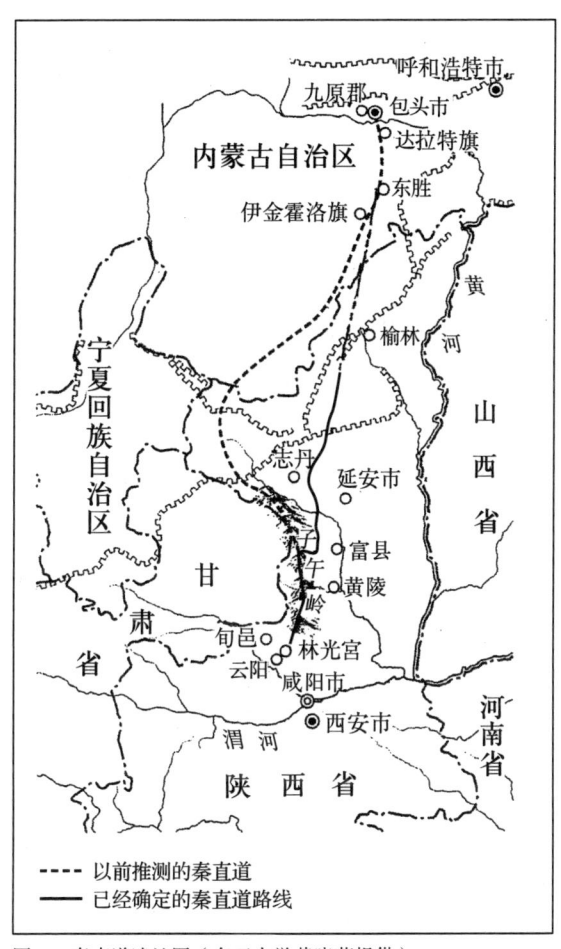

图 6-2 秦直道遗址图（东亚大学黄晓芬提供）

免道路被河川之水冲断。根据调查，路基版筑的厚度在20—50厘米之间，路面上铺满了颗粒很细的沙土，路肩上还设有排水的侧沟。考古队还发现了渡河谷的桥基。

进入北面的鄂尔多斯后就是畅通无阻的草原，经过草原可以直接抵达长城，这之间有1 800里的距离，如果骑乘驿传的马，一天走85里，二十天可到达，但如果骑军马的话，数日即可抵达。秦形成了这样的态势：战车、骑兵、步兵部队随时可以调往北边。这就是秦始皇命令蒙恬进行的事业。

对秦始皇而言，长城和直道是实现中华帝国梦的重大土木工程。从首都咸阳通往东方大海的国有道路——驰道，呈放射状延伸，与此同时，内地的长城被废弃，中华帝国的统治网络通过修建北方的直道和南方的运河（灵渠，详见后述）最终得以完成。但是另一方面，维护帝国的统治网络，无论是对帝国自身还是对秦的人民来说，都是一种过于沉重的负担。

即使暂时失去了鄂尔多斯草原，匈奴帝国的上升势头并没有停下来。匈奴将蒙古高原上的草原游牧民组织起来，分成东西两部。单于的居所叫作"庭"，住在"穹庐"（张开的弓形帐篷）中，匈奴没有秦那样的城郭式都城。即便是秦始皇，也不具备攻打到单于庭的实力。匈奴有二十四位首领，分别掌管着数千至一万不等的马匹和骑兵，为了祭祀每年聚会三次。正月在单于庭，五月在茏城，秋季在蹛林集合。他们集合的场所到底在哪儿目前尚不清楚。头曼单于时，蒙古高原东部的东胡势力也很强大，河西走廊被月氏控制着。在这样的势力关系下，秦只不过是暂时占领了鄂尔多斯而已。

百越的世界

如果说北方的河水（黄河）是秦和蛮夷的分界线的话，那么江水（长江的古称）就是南方的边界线。渡过江水就是越人的世界了。秦始皇此前的四次巡行都没有渡过江水。第二次巡行时来到江水中游的云梦泽（现在的洞庭湖周边），想祭祀湘山祠，却遭遇大风，船无法继续前行。湘山祠供奉着古代五帝之一尧的两个女儿，后来她们嫁给舜做妻子。据说秦始皇一怒之下，命令三千刑徒砍光湘山上的树木，使湘山变成秃山。

不可思议的是，舜是在更南面的湘水上游九疑山祭祀的。九疑山现在写作"九嶷山"，位于湖南省最南端与广东省、广西壮族自治区交界的地方。九嶷山，顾名思义是九座相连的山峰，马王堆西汉三号墓出土的地形图上就绘有这个九连峰。山上也发现了汉代的祭祀遗址。对秦来说，这完全是一座境外的山脉。

五帝中的最后一位禹在会稽山也有墓，被称为"禹穴"，不过秦始皇前四次巡行都没有走出秦的疆域——无论是秦始皇还是李斯都讨厌把秦始皇比作五帝，他们大概认为秦始皇的权力已经超越了五帝，却在心中念念不忘五帝的存在。黄帝陵位于秦境内的陕西省黄陵县桥山，颛顼和帝喾的陵墓在河水下游的濮阳。但如果想祭祀禹、舜的陵墓，却要去境外。秦始皇想要踏足五帝之地——即使只是为了超越五帝的权威，另外，秦始皇想在五帝的土地上祭祀五帝，应当也是为了证明秦统一战争的正义性，尽管当时他还没有打算侵入这片未开垦的土地。

蒙恬夺取鄂尔多斯后，秦始皇三十三年，秦很快夺取了陆梁地。"陆梁"指像梁一样连绵不断的山脉，其五座山岭分布在湖南省、江西省、广西壮族自治区和广东省，南北横向并列，地形独特。秦始皇的军队最终越过五岭抵达南海。古代的南海不是指现在台湾海峡以南的中国南海，而是指长江以南的中国东海以南的海域。这片新的海域代替东海成为秦始皇新的目标。秦向南海输送了五十万士兵——超过了派往匈奴的三十万。对匈奴战争和对百越战争，是南北同时进行的两场没有事先计划好的草率战争，但秦始皇希望通过对中华之外的战争来促使秦与旧六国地区融为一体。

希求南海物产

实际上秦派往百越之地的并不是正规军队，而是被强迫移民的武装集团。岭南高温潮湿的气候让北方的秦人望而生畏。谁都不愿前往岭南酷暑之地，最后秦朝只好征派那些脱离户籍的逃亡者，因极度贫穷而入赘为婿、与卖身无异的男子以及经营各种杂货店的小商人到岭南。秦在那里设置了桂林、象、南海三郡，使他们逐渐变成当地的居民。其实，越并不是一个统一的国家。零零散散居住在山谷中、河川沿岸平地上的人们被总称为"百越"。在这种情况下，这场战争与其说是国家间的战争，不如说是让多达五十万的人到岭南地区开垦移民更为妥当。

秦始皇通过这场战争获得了南海产的犀角、象牙、玳瑁、翡翠、珍珠、珊瑚等物产。这些物产都是价格高昂的装饰品，在北方不可能得到。珍珠是以进入贝类体内的微粒子为核，由碳酸钙结晶而成的珠粒。珊瑚是珊瑚虫的石灰质遗骨聚集形成的珊瑚礁。象牙来自非洲象，犀角则来自印度，其中的角蛋白被用于中医，这些都是从远方得来的珍稀物产。这些南海出产的，以及汇集到南海沿岸的"宝贝"也吸引了秦始皇的注意。这些南海珍宝在南越国（秦帝国崩溃时所建）第二代国王文王（在其国内自称为"文帝"）的墓中也有发现。文王墓中也有象牙陪葬品，但都被加工成了精致的印章、酒杯、六博（双六）棋子、算木等。

移民来的人不得不和原住民——越人一起生活，但各地的移民和越人之间都爆发了冲突。出土了里耶秦简的湖南省龙山县里耶古城也是北方移民开发的城市。如果我们从洞庭湖沿着沅水和酉水溯流而上，可以到达两河交汇的地方。秦在那里设置了名叫"迁陵"的县，也就是现在的里耶。里耶位于湘西土家族苗族自治州，在古代，这里生活着五溪蛮、武陵蛮等民族。迁陵县官吏在地方推行秦始皇的统治，但周边山区未被纳入秦统治之下的也大有人在。在河川两岸秦人居住的县城以外，山岳地区则是广阔的越人世界。秦朝在这一地区的统治只限于对某些点的控制，点与点之间则靠沿着河川的交通线路联系起来。

运河的修建

秦为了向南方输送军队和粮食，命令名叫禄的郡监修建河渠（运河），郡尉屠睢率领楼船（军船）士兵攻打百越，结果秦军大败。据说，秦朝后来的县令赵佗——他在秦帝国崩溃后建立了南越国——在进军时表现优异。秦始皇对南海的渴望最终使南北通航得以实现。秦始皇时期修建的岭南运河被称作"灵渠",至今仍在使用,它包括自然河段在内全长共三十四公里。灵渠的地位相当于对北方匈奴战争中的直道。

长江中游的南郡是南方统治的根据地,如果从这里一直南下的话,可以到达番禺港。其线路是,首先沿着湘水向南溯源而行,在湘水源头附近有离水[a]的支流。这条支流和湘水流向相反,从北向南流淌。两条河流的分水岭仅有两公里距离,但由于离水水位比湘水高数米,所以两河无法直接连通,如果湘水水位抬高,再与离水连接,船就可以航行了。秦朝人为了让船得以通航,必须确保水位不受季节性水量增减的影响。为此他们将湘水一分为三,在中央设置堰,在南北两边分别开凿了南渠和北渠,让南渠与离水直接相连,北渠与湘水相通。堰和北渠能确保南渠的水量稳定——如果水量增加的话,河水就会从堰排到湘水故道中。后世的京杭大运河和巴拿马运河都是通过关闭水闸来调节水位高低的,灵渠则用堰和两个渠自然调节水位的落差(图6-3)。

广东省广州市在古代被称作"番禺",它位于珠江三角洲的西江、北江、东江汇流的地方,是南海地区的

---

a 编者按:离通"漓",离水即今天的漓江。

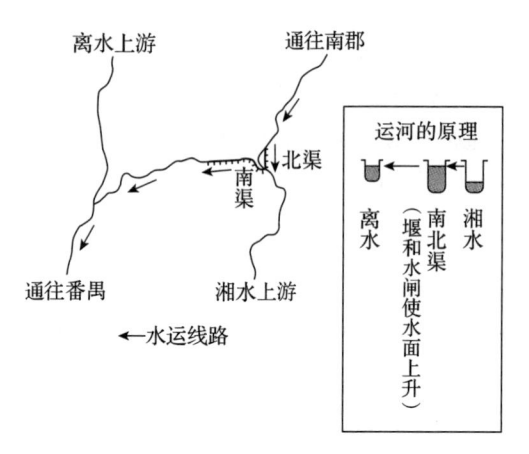

图 6-3 灵渠示意图（参考藤田胜久 1987）

中心港湾城市。"番"通"蕃"，"禺"是地之隅的意思。古代的番禺城比现在更靠近珠江，也更靠近南海。由于灵渠的开通，从这里可以直接航行到内陆。

据说秦在番禺修建了造船工场。考古人员在 1975 年和 1994 年两次对造船场遗址进行发掘，结果发现了长条木材制作的滑道，每两根一组，南北向并列三组，在滑道的上面垂直立着一排短木，在滑道的下面铺有枕木。它像船坞一样，在建造过程中用于支撑船只，船建好后则顺着滑道移动入海。我们根据它的形状推测，当时制造的是 30—60 吨重航海用的平底船。但是，其后在同一地点不断有新的发现：1994 年，考古人员发现了叫作"蕃池"的池子，1995年又发现了水井，1997年发现了与水池相连的暗渠，即长达150米的曲流石渠，在2003年发掘出宫殿遗址，2004—2005年在水井中发现一百余枚木简，之后又陆续出土了独立后的南越国王宫和御苑遗址。由于这些遗址和秦造船工场的距离非常近，一种观点认为它们是秦代的遗址，一种观点认为是南越国遗址，两种观点都有道理。2000年在番禺城南端发现的木制的水闸遗址，被认为是海港城市番禺城的防波设施。面朝大海的南越国海港城市的面貌正在逐渐明朗，希望它可以修正认为"遗址是秦造船工场"的认识。

说起来，在百越推行秦的统治的人，和其后自立南越国的人，其实都是同一伙人，即从秦南下的移民。赵佗出生于黄河下游北部的真定，来到南越后做了秦南海郡龙川（县）令。秦始皇死后，秦二世统治的遥远的中原地区发生了叛乱，秦朝灭亡。于是赵佗建立南越国，做了武王（在南越国国内自称武帝）。拥戴赵佗的都是被秦征服的六国故人，他们在越人之上建立了征服王朝。这个国家的模板就是秦帝国，各种各样的技术也从秦帝国被带到了这里。

孔子与秦始皇

本章最后想讨论一下这一时期的大话题,即秦始皇与儒家的关系问题。众所周知,"文化大革命"时(1966—1976年)孔子曾受到批判,而秦始皇却被给予高度评价。当时的"儒法斗争"史观将春秋末年的孔子(公元前551—前479年)和过了两百二十年后才登场的秦始皇完全对立起来。孔子被说成是奴隶主贵族的代表,秦始皇则是新兴地主阶级的代表。通常认为,在秦始皇支持下由李斯实施的焚书坑儒,是秦始皇打击儒家的政策。秦始皇时代已经是孔子第九代孙孔鲋的时代,孔鲋等人为了给秦末农民起义领袖陈胜当博士,离开鲁地前往陈县。信奉孔子的弟子们也流散到全国各地,但主要集中在齐鲁地区。继承孔子衣钵的孟子(约公元前372—约前289年)生活的年代距秦始皇时代较近。荀子(约公元前298—约前235年)的弟子韩非(?—公元前233年)和李斯均作为法家代表支持秦始皇的政治。

这时,在都城咸阳的博士中开始出现对那两场草率战争的批评声音。所谓"博士",和"太史"这类史官一样,是隶属于管理国家祭祀和礼仪事务的"太常"之下的知识分子。秦的博士不仅传承儒家,还传承法家、道家、墨家等诸子百家的学问。他们的职责是让古代思想在秦当今政策中发挥作用，《论语·为政篇》中孔子"温故而知新"的话就象征了这一职责。这句话的原话是"温故而知新，可以为师矣"，出自《论语》。意思是学习古代的东西，在今天灵活运用，能这样做的人就可以当老师了。这些博士对"驱逐蛮夷"的中华战争感到不安。批评的矛头并非指向秦始皇，而是指向推进战争政策付诸实施的大臣们。

秦始皇三十四年，秦始皇在咸阳宫大摆酒宴，七十位博士悉数出席。仆射（考课官吏射箭能力的官[a]）周青臣在席间赞美驱逐蛮夷的战争，但博士们无法默认他的说法。传承儒家学说的出身齐国的博士淳于越对此进行了尤为激烈的反驳，他批评周青臣的发言是在重复陛下的过失。他主张相比于现在的郡县制，古代的分封制更值得借鉴学习——秦的体制彻底否定分封制，单纯以郡县制实行统治，帝国内除了皇帝外不分封一个王，这曾是秦的铁则。但淳于越却说，为了支援秦始皇，有必要设立王。

秦始皇让大臣们进行讨论。丞相李斯强烈谴责博士们"以古非今"，惑乱百姓，提议下达焚书令。李斯可能认为"温故而知新"也是"以古非今"，想彻底封杀博士的言行。他认为要学习就学今天的法令，没有必要

---

a 编者按：秦代"仆射"是侍中、尚书、谒者、博士等官署的副长官。

学习古代的学问，甚至颁布了"若欲有学法令，以吏为师"的命令，即要以官吏为师，而不能以博士为师。博士们在朝廷上不敢当面向秦始皇发难，却在朝廷之外群众面前诽谤秦始皇——李斯眼中的博士就是如此。

君臣父子秩序

在秦始皇巡行时所立的刻石文章中，除了赞扬自己的统一事业外，还有劝勉官吏和黔首（百姓）的内容。例如"贵贱分明，男女礼顺，慎遵职事"（泰山刻石）、"尊卑贵贱，不逾次行。奸邪不容，皆务贞良"（琅邪台刻石），以及"男乐其畴，女修其业，事各有序"（碣石刻石），这些话显然不符合法治主义精神，而属于主张遵守身份贵贱等级和男女有别的礼治主义——秦始皇非常清楚仅仅依靠法治进行统治是很困难的。

这些《史记》中引用的刻石文章和新出土的竹简文书的内容是一致的。从地方官吏墓中出土的《为吏之道》（睡虎地秦简）以及以"为吏治官及黔首"（岳麓秦简）为标题的文书，和刻石上写的话正好符合。《为吏治官及黔首》中的一句"为人君则惠，为人臣[则]忠，为人父则兹，为人子则孝"（图6-4），和孔子的话几乎没有什么不同。孔子曾回答询问政事的齐景公说"君君，臣臣，父父，子子"(《论语·颜渊第十二》)。另外，北大秦简中也发现了名为《善女子之方》的书，讲的是夫妻之道。生活在春秋末年的孔子，在以周王为中心的秩序崩坏的过程中，向诸侯寻求新的政治理念，但是他的理想最终没有实现，然而，他的思想却通过弟子们广为流传下来。孔子死后两百二十年，出生在战国末年的秦始皇将国家的君臣和家庭的父子秩序作为政治的基干，也就不足为奇了。我们应当避免忽视秦始皇思想的实质，草率地超越时代，将孔子与秦始皇对立起来。不过将他们两者对立起来的不是司马迁，而是东汉的儒者们。

秦始皇期望得到的政治辅佐，是不徇私情，不因权力而骄纵，能冷静衡量百姓能力与力量，对君主保持忠诚而且清正廉洁的官吏，当官吏丧失这些品德、发生腐败时，帝国就会动摇，民众就会果断向权力发起挑战。

为人君则惠 为人臣[则]忠 为人父则兹（慈）为人子则孝

图 6-4 岳麓秦简

秦始皇作为当权者十分清楚出现这种情况是多么恐怖。

焚书坑儒

秦始皇三十四年下达了焚书令。焚书令的内容实际上是李斯提议的。除了秦的历史记录外，李斯要把史官所存的文书全部烧掉。他认为只有秦的记录是有用的，过去战国六国的史记、古代夏商周三代王的记录等等对现实的政策都没有价值。此外，李斯允许博士官收藏书籍，但民间所藏的诗（《诗经》）、书（《尚书》）、百家之书全部都要交到郡守府，由郡尉统一焚毁（图6-5）。李斯虽然认为博士可以各自学习诸子百家，却担心他们向外散播政治言论。

如果我们仔细品读这段历史记载，就会发现儒家的书籍并没有全部被烧掉。在汇集各国歌谣的《诗经》中，夹杂着微妙的政治讽刺，李斯担心这些可能会变成对秦朝政治的攻击。《书》是赞美古代帝王的记录，它汇集了从五帝到夏商周三代帝王的历史。赞美古代政治就是对当今政治的批判。李斯因此建议，两人以上集会议论《诗》《书》者要判处弃市刑（在市场上斩首示众的死罪）。在人群面前斩首示众是极其严酷的刑罚。"以古非今"者一族都要被杀死。官吏如果知情不举，让罪犯逃走，也要被判处同样的罪名。自法令下达日起，三十日内仍不烧毁禁书的，要被处以用墨刺字的"黥刑"，送到边境服筑城的劳役。医药、卜筮、种树之书（农书）不在焚书的范围。（北大汉简中有《医方》八十余枚，《禹九策》五十余枚。前者记载的是药物治疗的方法，后者记录的是用从一到九的数字占卜。）如果有人想学习法令，就以官吏为老师。

秦始皇同意李斯提出的上述焚书令议案。他征发多达八十万人进行战争，虽然表面上看似驱逐了蛮夷，但实际上国家的负担很大。李斯的提案就是要压制批评战争的言论。

有人对抗秦的焚书令，将《尚书》等竹简书籍藏在墙壁的夹层中。秦朝博士伏生就是其中之一。据说孔子旧宅中藏有《尚书》。后来孔子的后代孔安国发现了孔家所传的《尚书》，将其献给了西汉武帝。武帝的异母兄弟河间献王刘德也将没有焚毁的《尚书》等一些用先秦古文字书写的儒家书籍传了下来。

据载，焚书令颁布的第二年即秦始皇三十五年，秦始皇把咸阳诸生中蛊惑百姓的四百六十余人挖坑活埋了。把这个事件称作"阬儒"的，是已将儒学立为王朝统治思想的东汉人，《史记》中写作"阬术士"（阬是本字，也写作"坑"）。实际上被坑杀的对象并不只是

图6-5《帝鉴图说》(明，16世纪)中的"阮儒焚书"图(1606年，丰臣秀赖木活字版)

右上描绘的是秦始皇和李斯，左下是焚书，右下是坑儒。图中秦始皇坐在椅子上，左下燃烧的是纸做的书，这些都是后代的讹误——当时尚没有出现坐椅子的文化，书籍使用的也是竹简

儒者，而是包括儒者在内的诸生。诸生中有继承孔子学问的人，但并不限于这些人。总之，坑儒并不是为了打压孔子学说本身，而是要将战时体制下挑动人民不安情绪的人绳之以法。不可否认的是，这是残忍的行为，但事实的真相与通常人们对"焚书坑儒"的印象还有很大差异。

在唐代骊山的西北脚下有个叫愍儒乡的村子，据说是秦坑儒的地方。四百六十余人被坑杀是否属实已无从考证，我们所能做的，就是将后世儒者们编造的孔子与秦始皇对立的印象一点点瓦解掉。秦始皇时期的出土史料正在一点点填补历史的缝隙。

第七章

帝王之死
——遗嘱的真相（五十岁）

2376简：
昔者秦王赵正出斿（游）天下，环至白人而病☲篤，慸然流涕长大息谓左右曰：

2372简：
吾忠臣也，其议所立。丞相臣斯御史臣去疾昧死顿首言曰，今道远而诏

2172简：
（群）期昏臣恐大臣之有谋，谓立子胡亥为代后，王曰，可。王死而胡亥立即杀其

图片说明：北京大学所藏西汉竹简《赵正书》共五十枚简，这是其中的三枚。2376简记载秦王赵正在巡行途中病重。2372简记载秦始皇命丞相李斯和御史大夫冯去疾商议立谁为继承人。2172简记载大臣立胡亥的提议得到秦王的许可

秦始皇三十七年，秦始皇在最后一次巡行途中去世。《史记》记载死亡的日子是"七月丙寅"。根据《史记》的记载，在前一年即秦始皇三十六年（公元前211年）就出现了预兆。从行星的异常变化、陨石坠落开始，各种不祥的预言都与秦始皇的死有关。但是，正如后文详述的那样，行星的异常变化实际上发生在秦始皇死亡当年，而不是前一年。如此看来，司马迁实际上把秦始皇三十六年当成诱发，将所有的事情都一股脑儿地归到了这一年。事实上此前秦始皇连一场大病都没有得过，根本不可能从一年前就预测到他的死亡。那么，就让我们来看看，司马迁为什么会这样记载，现实中这到底是怎样的一年。

秦始皇三十七年十月，秦始皇出发开始了第五次巡行。这次路线与第二次巡行的方向相反，虽然秦始皇在途中意外身亡，但是这次巡行却是五次巡行中行程最远、历时最长、最为壮观的一次。司马迁把这次巡行描写成秦始皇为了打破死亡预兆而采取的行动，但事实上，这次巡行的目的究竟是什么呢？

《史记》记载，秦始皇临死前给长子扶苏的遗诏被赵高销毁了，在他死后，赵高伪造了两份遗诏，这对秦始皇死后的政治形势产生了决定性影响。但近年出土的史料动摇了上述史观。根据这些史料，秦始皇立的后嗣不是扶苏而是幼子胡亥。下面我们按照时间顺序来重新梳理从秦始皇死亡到举行葬礼的经过，以探求事实的真相。

最后的巡行

秦始皇三十七年十月癸丑日，秦始皇出发，开始了最后的巡行。周家山三十号秦墓出土了这一年的历谱（日历），根据这一历谱，癸丑日为十月三日。这次巡行距第四次巡行已经过去了五年。这期间，秦始皇发动了对匈奴和百越的战争，为巩固战时体制修建了长城和军事道路直道，还下令焚书坑儒。当时的形势与刚统一时不同，政局一直不稳，秦始皇无法离开都城咸阳，但现在事情终于告一段落，可以重新开始巡行了。

但是据《史记》记载，出发前一年即秦始皇三十六年，连续发生了不吉事件。首先是荧惑（火星）停留在东方心宿（天蝎座天区内）的位置上。红红的明亮的荧惑是能招来灾害、战乱的星。位于天蝎座心脏部位的阿尔法星是红色巨星的一等星，古代中国认为它位于青龙的心脏，是不吉利的星。当时它停留在红色荧惑附近。火星向东顺时针运行，稍作停留后，又向西逆时针运行，不久再向东顺时针运行。

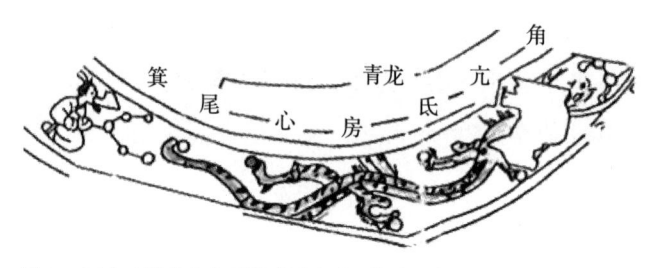

图 7-1 二十八宿东方七宿的青龙心宿（《西安交通大学西汉壁画墓》，西安交通大学出版社，1991 年）

中国古代把太阳一年运行的轨道即黄道分为二十八星宿，作为观测太阳、月亮、五星（行星[a]）运动的坐标轴。东方天空有七宿，其中六个连起来的星像青龙一样浮在夜空中。龙的角为角宿，首为亢宿，胸为氐宿，腹为房宿，心脏为心宿，尾巴为尾宿。1987 年西安交通大学校园内发现了一座西汉壁画墓，是一个官吏的小型墓。其中绘有一幅两千年前的色彩鲜艳的天文图，可以作为很好的参考（图 7-1）。红色的太阳和银白色的月亮相对，太阳中有一只黑乌，月亮中有一只蟾蜍。在太阳和月亮之间有绿色、淡紫色交叠的祥云，像波浪一样，十几只仙鹤交错飞舞。沿着黄道上的两个圆圈上绘着二十八星宿图案。青龙（东）、白虎（西）、朱雀（南）、玄武（北）的四神形象隐藏在各自方向的星宿

---

[a] 编者按：五星指水星、金星、火星、木星、土星这五颗行星。

中。其他星座都是银白色的，只有青龙的心宿被涂成了红色，它也被称作"大火"。

另一个不吉利的预兆是落在东郡的陨石，石头上刻着"始皇帝死而地分"的不祥预言。对皇帝本来不能用"死"这个字，而应该说"崩"（自然山岳崩塌的意思）。"地分"应当是指陨石撞击大地后导致大地开裂，隐喻领土分裂。东郡是祭祀军神蚩尤的地方，传说蚩尤和黄帝在这里交战，被黄帝打败。秦始皇派御史到东郡搜查，御史由于没有抓到犯人，就将附近的居民全部处死，并将陨石灼烧熔化。后来朝廷派的使者回京时，一个人手拿着秦始皇第二次巡行时沉入河水的玉璧出现在道上，说"今年祖龙死"，这又是一个不祥的预言。祖龙的"祖"指始祖，龙代表君主，所以祖龙指的就是秦始皇。据说秦始皇为了消除不安的心情，让博士作《仙真人诗》，令乐人演唱。他进行占卜，卦辞说"游徙吉"，即巡行和徙民是吉利的，于是秦始皇在年初十月出发巡行。在新年伊始，只有让不祥的预言落空，他才能感到安心吧。

预言年份订正

以上就是《史记》所描写的预言始末。但是根据中国古代天文历法研究者的说法，火星停留在阿尔法星附近的时间不是公元前211年，而是第二年的公元前210年。而且，小泽贤二先生近年进一步确定，在公元前210年八月丙寅日（二十一日），再次顺时针运行的火星距离阿尔法星最近。实际上，如后所述，我认为秦始皇的死不是在七月，而是在八月丙寅日。如果是这样的话，这个四十六年为一周期的奇特天文现象就发生在秦始皇三十七年他死的那一天。我们该如何看待这个巧合呢？

在八月丙寅日的夜空中，看到这种不吉天文现象的应该大有人在。"秦始皇正好死在这一天"被当作最高机密严格保密，但如果当时人们知道秦始皇正在生病的话，说不定会由此联想到他的死。至少秦国自己的国史《秦记》中记载的秦始皇的死亡日期肯定是正确的。但《史记》的记述却不是这样。

究竟是谁将秦始皇的死亡日期提前一个月，改为七月丙寅日，并将"荧惑守心"的天文现象提前了一年呢？这应当不是当时的人篡改的，而是编造了秦始皇死亡前一年就开始出现预兆这个故事的人所为。但是这个编造的人是否就是司马迁？还是司马迁依据了什么书？现在我们还无法断定。如果是司马迁的话，他在《秦始皇本纪》通篇按时间顺序讲述从秦始皇进行统一事业，到秦始皇之死从而统一崩溃的故事。他难道不能采用更为明显的方式进行记录吗？

预言在现实中不一定会实现，但根据《史记》的记载，"祖龙死"的预言对秦始皇产生了很大震撼。现实究竟是怎样的呢？无论如何，秦始皇三十七年的第五次巡行最终成了他死前的最后一次巡行，但是对秦始皇来说，这是在周游自己构建的中华帝国，是作为一个君王的积极行动。

值得一提的是，秦始皇非常重视天文动向。这次巡行路线采取了与第二次巡行相反的方向，即逆时针向左循环，这与天上北斗七星等星座的运转方向相同。秦始皇应当不是刻意逆宇宙运转方向而动，而是为了了解中华帝国周边的政治状况。无论是皇帝还是庶民，对古代的人来说，天文现象与日常生活紧密相连。比如，湖北省江陵王家台十五号秦墓中出土过一个以二十八星宿进行占卜的道具星盘。

徐市（福）传说的背景

此外，还有几个关于秦始皇之死的传说，让我们逐一进行考察。第五次巡行时，秦始皇北上至琅邪台时，再次召见方士徐市。徐市得到秦始皇的资助，却没能获得仙药，所以只得编造谎话说："蓬莱药可得，然常为大鲛鱼所苦，故不得至，愿请善射与俱，见则以连弩射之。"

《史记·秦始皇本纪》共有三处记载了方士徐市带领童男童女数千人入海，到三神山去求神药，但以失败告终的事情。但在《史记》西汉淮南王刘安的列传中，还残留着另一个传说。淮南王刘安是西汉高祖刘邦的孙子，因谋反而被汉武帝刘彻诛杀。这之后，汉武帝和秦始皇一样，对匈奴和南越展开了大规模战争，并进一步发动了连秦始皇都没有实现的海战，消灭了在平壤立都的卫氏朝鲜。

当时，有一个叫伍被的人劝谏淮南王刘安说，如果皇帝背离民心，国家就会土崩瓦解，但现在不是谋反的时机。在秦始皇死去一百年后，楚人伍被认为秦朝灭亡的原因是背离民心，他举出了三个具体理由。其一，秦始皇为了修建长城，残酷地奴役百姓，牺牲了无数的生命；其二，徐福（这里没有写作徐市）带领童男童女三千人渡海，行至平原广泽，自立为王，没有回来，这些孩子的家人因此对秦怀恨在心；其三，对百越战争时，秦为了安抚那些留在当地的秦士兵，将一万五千名寡妇送到南越，这引起她们家人的愤恨。民众的怨恨摧毁了秦的统治。第三代南越王赵眜的墓和都城番禺遗址可以证明南越王尉佗（赵佗）的事情是史实。仔细想想，这三个事件都不是单纯的传说，而是秦始皇推进沙漠行动和海上行动的背景。

根据伍被的说法，徐福从海上回来后假称遇到了海神，秦始皇再次让他带领三千男女和百工（技术人员），载着五谷出发。他行至平原广泽之地后做了王，没有回来。平原广泽若在中国，当是指黄河、淮河、长江下游的平原及平原上零星分布的湖泊。广泛分布的水路网可以用来实施水利灌溉，零星分布的湖泊也成为农业用水的供给地。徐福他们渡海来到新的地区后，寻找平原和湖泊，专注于栽培五谷。

方士徐福带领数千名童男童女到达"亶洲"的传说，在三国时就已经出现了。如众所周知的那样，还有一种传说：徐福一行漂到了日本列岛，但这个传说晚至10世纪以后才出现。五代后周的僧侣义楚撰写的佛教方面的类书《义楚六帖》中提到日本国，说："亦名倭国，东海中，秦时徐福将五百童男五百童女止此国也。""至今子孙皆曰秦氏。"在同样是10世纪时编纂的正史《旧唐书·东夷传》中，除了"倭国"外，还首次出现了"日本国"的记载。7世纪以后唐朝通过遣唐使的往来，了解到有一个不叫倭而叫"日本"的国家存在，在这一过程中徐福在日本的传说也传到中国。日本各地有很多徐福一行登陆地和徐福之墓等遗址。截至目前，还没有确切证据证明秦始皇时代的徐福一行东渡到了日本列岛。但不可否认的是，秦始皇的存在确实对后世的整个东亚世界都产生了重大影响。

海神之梦

还有一个与秦始皇之死有关的不可思议的传说，即"海神之梦"。据载，秦始皇在巡行途中梦见自己与海神交战。随行的博士解梦说，出现大鱼是附近有水神的征兆。秦始皇命人手持捕杀大鱼的武器连弩，沿途搜索，从成山行至之罘时，还真射杀了一条大鱼。所谓"大鱼"可能是鲸鱼。鲸鱼中的灰鲸在冬季繁殖时，从朝鲜半岛附近南下洄游，在海岸附近生息，出没于暗礁附近。现在烟台博物馆中还有鲸鱼骨骼展览。据载，秦始皇在咸阳郊外引渭河水做兰池，池中设有蓬莱、瀛洲等仙人岛和鲸鱼石像。

史籍记载秦始皇让博士来占梦。根据出土史料，占梦在当时对于皇帝、官吏或者庶民来说，都是现实中的日常行为。睡虎地秦简《日书》中就有题为"占梦"的内容，岳麓秦简中还发现了《占梦书》这样的专门书籍（图7-2）。古代人根据梦里看到了什么，做了怎样的梦来判断梦的吉凶，梦也是时代和文化的反映。若把古代的占梦和现代的对梦的心理分析进行比较，会是很有意思的事情。

梦是人在浅睡眠状况下反复出现的脑波运动。有趣的是，《占梦书》中将梦分为晦（日落后）之梦、夜半（午夜零时左右）之梦、鸡鸣（凌晨两点左右）之梦三种。人在刚刚入睡时，先进入深度睡眠，然后浅度睡眠和深度睡眠反复交替，最后又变成浅度睡眠。最后鸡鸣时刻浅度睡眠时的梦经常会残留在记忆中。据说春夏秋冬四季所做的梦也不一样。但是没有听说白日梦和醉梦也能占卜，可能是因为占卜中比较重视做梦时精神状态的稳定吧。

阅读《占梦书》，就像探访当时人远离日常生活的梦中世界一样。攀登高山、乘船、横渡江河（长江和黄河）等，对一般人来说这些只能是梦话而已，但对秦始皇来说，这些却已经通过巡行变成了现实。而且他在梦中还与鬼神相遇了。鬼神是死者的灵魂，其中既有自己的祖

梦见饮酒 不出 三日 必有雨

图 7-2 岳麓秦简《占梦书》

先，也有战死者。秦始皇在梦中遇到了全国的山川、大海众神。梦有噩梦也有好梦。如果人做了噩梦，醒来后要面向西北散开头发，向名叫"宛奇"的食梦神进行祷告。占梦根据做梦当天的干支和梦的内容来判断吉凶。如"戊己梦黑，吉，得喜也"，重视黑色的做法明显带有秦的特色。《占梦书》中也有关于梦到动物的占卜，如"梦见虎豹者，见贵人"，看起来也是秦风的。

秦始皇做了海神的梦后就病倒了。海神对沿海地区的人来说是一个令人恐惧的存在，虽然他们把它当作祭祀对象，但不会把它当作交战对手。是否是秦始皇做的海神之梦应验了呢？

遗诏的去向

秦始皇到平原津后病倒了，得了什么病我们不得而知，由于病情不断恶化，他开始准备遗嘱。皇帝的遗嘱称"遗诏"。《史记·李斯列传》记载，秦始皇写给长子扶苏的信只有十二个字："以兵属蒙恬，与丧会咸阳而葬。"内容非常简单，但这是皇帝的临终遗嘱，意义重大。

扶苏因在焚书坑儒时劝谏秦始皇而被贬到北边的上郡，负责监视指挥修建直道的蒙恬。秦始皇给扶苏所下遗诏的意思是："把军队委托给蒙恬，到咸阳与我的灵柩相会，然后将我埋葬。"秦始皇大概已经意识到自己的病不可能捱到回咸阳。如果死在巡行途中，遗体要被送回咸阳。秦始皇的巡行路线是从北边的长城经直道回到咸阳。蒙恬和扶苏所在的上郡就在这条路线上，让他们赶到咸阳与死去的秦始皇相见并不是件困难的事情。秦始皇想将自己的灵柩和葬礼仪式都委托给扶苏，让蒙恬将军的军事势力作做的后盾。

丧礼是在棺前举行一系列仪式，葬礼则是将棺埋入墓穴的仪式。在古代中国，丧礼同时也是太子即位皇帝的场合。埋葬时将棺埋入地下，用版筑夯实墓穴，在地上修筑坟丘。此前的建设工程是征发刑徒进行的，下葬则由征调的士兵完成。秦始皇原本也希望这件事由蒙恬率领的军队来完成。

总之，这份遗诏认可长子扶苏为秦始皇的继承人。王或皇帝为了防备突发事态，一般会预设太子，但秦始皇一直未立太子。遗诏要用皇帝的玺印郑重封印好，这项工作要由中车府令赵高来完成。

崩于沙丘平台

巡行队伍火速从平原津赶往沙丘平台（图 7-3）。

他们从平原津向正西方向行进,到达以前的赵离宫,即赵武灵王死去的地方。武灵王是第一位将胡服骑射(穿着骑马用的筒袖衣服和裤子,在马上弯弓射箭)引进中原的王。秦始皇寄身此处,迎来他人生的最后时光。

平原津的津是河川渡口的意思。当时河水(黄河)从平原津流过。现在的黄河河道已经南移,从山东省省会济南附近流过。津和关都设在交通要道上,在国家交通网络中占有重要地位,比如人们熟知的函谷关和洛阳北面的孟津。平原津是流经战国时齐赵边境的黄河上的

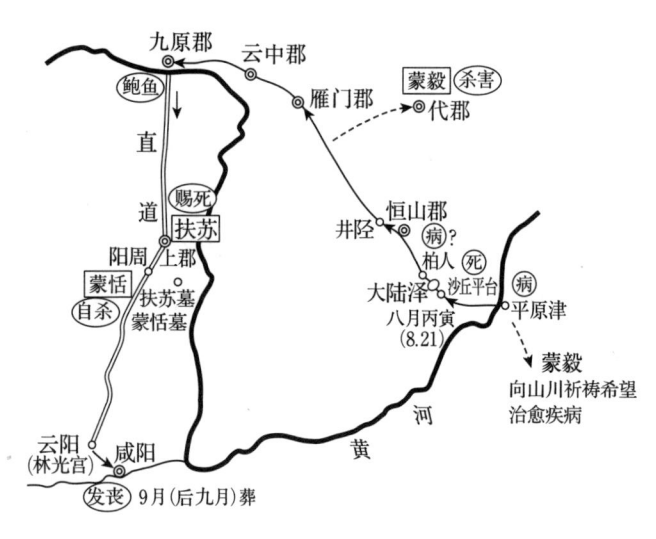

图 7-3 秦始皇之死相关地图

重要渡口。它位于现在山东省平原县南面的津期店村，我去踏访时还能看出两千二百年前的影子：一条小河在附近流淌，周围的旱田中随处可见略呈红色的黄沙丘，这是黄河流过的痕迹。

沙丘平台位于今河北省广宗县太平台，现在漳河边还残留了一处小遗址（图7-4）。现在的村民大都知道这里曾是古代帝王去世的地方。我向他们一打听，他们便指向路边一个被小麦田包围的土堆，上面竖着一块写着"沙丘平台"的石碑。石碑是广宗县人民政府和河北省人民政府2002年立的。这一带也到处分布着红色沙土。这个沙丘，传说是大禹治水时将黄河分为九条支流时第九条河的所在地。黄河将上游黄土高原的泥沙携带下来，在下游堆积起来。因流速的变化，河床的水逐渐干涸，只留下堆积的沙土。沙子沉在下面，细小黏土质的泥浮在上面。

1989年在湖北省发现的秦代竹简（龙岗秦简）上写有"沙丘苑"的文字。这个说法不见于《史记》，由此可知它是设在沙丘的御苑（皇帝的庭园）。两千多年前秦始皇临终时所在的沙丘曾经是绿色丰茂的御苑。沙丘附近曾有一个名叫大陆泽的湖泊，但现在已经完全消失，当时的自然环境与现在完全不同，一片绿意盎然。我们不由得会联想到，以"酒池肉林"闻名的殷代最后

图 7-4 现在的沙丘平台

一代王商纣王的离宫也在这个沙丘。"以酒为池，悬肉为林，使男女倮相逐其间，为长夜之饮。"这是关于暴君纣王的夸张传说，但从这个描述可以看出，当时这里确实拥有湖泊和森林，自然资源丰富，使众多鸟兽得以生息。

"七月丙寅，始皇崩于沙丘平台。"《史记·秦始皇本纪》就这样简单记述了秦始皇的最后时刻。如前所述，崩原本指山陵（自然山岳）崩塌，周代以后代指天子死亡。

但实际上，在周家台秦墓出土的历谱中，秦始皇三十七年七月并没有丙寅日。六月有丙寅日，但"七月丙寅"应当看成是八月丙寅（二十一日）之误。这一年是闰年，在九月的后面还有一个后（闰）九月，因此八月二十一日的天气相当于往年的七月下旬，亦即现在的八月上旬。如下文所述，《史记》说，由于酷暑，车中的尸体散发出异臭，这一记载应该属实。

秦始皇最后还没来得及公布立太子一事，就死了。他给长子扶苏的最后一封玺书肯定是立太子书。"玺书"指封有皇帝玺印的最重要的竹简文书。

东京国立博物馆东洋馆中藏有一块"皇帝信玺"封泥。印面部分2.6厘米见方，文字部分是在田字形分割的四个框中各刻一个字。这种田字格，是秦至汉初印的特点。这块传世封泥可能就是用秦始皇的玺印按压的。

秦始皇拥有若干玺印。据张家山汉简记载，汉高祖时至少有"皇帝信玺"和"皇帝行玺"。"信玺"在调动地方军队或武器时使用，"行玺"在派遣使者或任命王侯时使用。遗诏上封印的一定是"皇帝行玺"。立太子的遗嘱应该属于最高机密，但是这个封书却被赵高等人毁了。

伪造的遗诏

秦始皇死后，赵高、胡亥、李斯三人进行了秘密活动。他们将秦始皇在沙丘立的遗诏毁掉，伪造了新的诏书。伪诏有两个，一是立胡亥为太子，一是分别赐扶苏、蒙恬死罪。由于秦始皇已经身故，用秦始皇的玺印在新写的文书上封印并不是一件难事。

赵高等人用辒辌车（密闭的箱形车，通过开闭小窗调节温度）运载秦始皇的遗体，知道这件事的只有赵高等三人和近臣五六人。在秦始皇生前服侍他的宦者仍同乘一辆车，跟秦始皇活着时一样奉上膳食，并裁决上奏文书。他们载着秦始皇遗体，伪装成和秦始皇活着时一样，按照原来的路线继续巡行。巡行队伍从井陉穿过太行山脉，甚至特意北上到北边长城所在的九原郡，由于天气炎热，尸体开始散发出腐臭味。于是他们在车上放了一石（30千克）鲍鱼，以掩盖尸臭味。

看到《史记》这部分记载，就会注意到鲍鱼掩盖尸体腐臭的内容，其实这里还隐藏着其他重要信息。这里的鲍鱼不是我们所熟悉的"鲍鱼"，而是用盐腌制鱼贝令其发酵以便保存，它有一股特殊的臭味。马王堆西汉墓出土的竹简中记载有鹿肉、鲍鱼、生笋羹（汤）等菜肴。但很难想象在内陆能够一下子弄到这么多的腌制鱼贝。这些鲍鱼应当是巡行离开海边时地方进献的贡品。海产品可以做成名叫"脍"的生鱼片来吃，也可以用腌制、晒干、做鱼酱等方法保存。如前所述，西安发现的封泥中就有长江下游盐官的封泥，这是海盐被运到都城咸阳的证据。发酵的鲍鱼和海盐这些东西，对于无法获得海产品的内陆人来说，是用于摄取碘的重要食品。碘经由甲状腺吸收，转化为人发育所必需的激素。秦始皇死前刚刚到过山东半岛渤海沿岸。如第五章所述，这里自古以来就是屈指可数的著名盐田区。

秘密运送遗体的一行人，从蒙恬刚刚竣工的军事道路直道急速返回咸阳。这是秦始皇第一次走直道，却是在死后。如前所述，最后一次巡行是五次巡行中路途最远的。秦始皇游遍了巴蜀地区之外的秦帝国全境，向北直到与匈奴接壤的边境，向南他首次渡过长江进入吴越之地。秦始皇除了担忧自己的生死外，也想通过巡行向周边宣示中华帝国帝王的威信。在最后这段行程中，胡亥、赵高、李斯按照秦始皇活着时的样子侍奉已经死去的秦始皇，因此那些不明真相的人都以为秦始皇还活着。他们若能骗过同行的臣下，地方上的人就更不可能知道。他们在长城一定做出了威慑匈奴的举动——如果匈奴知道秦始皇已经死了，说不定什么时候就会越过长城来。骗过匈奴人后，一行人进入直道，一口气直奔咸阳。

赵高一行人是否经过扶苏和蒙恬所在的上郡呢？他们确实伪造了两份诏书，一份诏书立胡亥为太子，一份诏书派使者到扶苏、蒙恬那儿赐他们死罪。扶苏根本没有想到这时父亲已经死了，赵高他们以"扶苏曾向父亲进谏属于不孝之举"为理由，赐剑给他，扶苏毫不迟疑自杀了。蒙恬感觉事情蹊跷，被监禁在阳周。

赵高一行回到咸阳后立即发丧，随后举行了大行的丧礼。皇帝死后尚未确定谥号时称"大行"。做了太子的胡亥即位，成为新的皇帝。"二世"是取代谥号的死后称号，胡亥当时的称呼就是"皇帝"，而眼前躺在灵柩里的秦始皇却是"大行"，他被正式埋葬后才开始被称作"秦始皇"。

《赵正书》讲述的新故事

以上关于秦始皇死亡的始末来自《史记》的记载。但是，最近出现了一个新史料，它完全否定了这一众所周知的故事。

如前所述，新发现的《赵正书》共五十枚简，约一千五百字，它记载的秦王赵正的故事颠覆了《史记》的内容。在《赵正书》中，秦始皇在统一后仍继续称"秦王"，不称皇帝。这本书是这样描写秦始皇之死的：秦王（秦始皇）不是在平原津而是在柏人病重的（图7-3）。当时秦王流着泪让左右随从叫来忠臣，让他们讨论继承人的问题。丞相李斯和御史大夫冯去疾[a]担心在遥远的巡行途中向臣下们下诏，可能引发大臣们阴谋作乱，因此他们建议秦王悄悄立胡亥为继承人，征得了秦王本人的同意。之后，秦王去世，胡亥即位。秦始皇死亡地点不详，但由于柏人在沙丘的西面，所以至少可以确认不是逝世于沙丘。总之，这个故事中没有出现长子扶苏，而秦始皇本人也同意将胡亥立为正式的继承人。

如果《赵正书》是武帝前期编纂的，成书年代比武帝末年编纂的《史记》早，那么，司马迁就有可能知道这本书的存在。但是司马迁没有采信胡亥为继承人的故事，而采用了扶苏为继承人的传说。可以想象，当时一定流传了很多关于秦始皇的故事，司马迁也不得不从这些故事中进行选择。《史记》遇到异说并存的情况时，必须排除异说。我想，当时围绕秦始皇的继承人问题可能存在两个对立势力，他们分别支持长子扶苏和幼子胡亥。前者是蒙恬、蒙毅一族，后者是李斯和赵高等。《史记》的故事是站在前者即失败者的立场上书写的。《赵正书》则是站在后者的立场上书写的。司马迁选择了前者，并将它和胜者项羽、刘邦的故事接续上了。

总之，由于《赵正书》竹简的发现，关于秦始皇之

---

[a] 译者按：《史记》中记载这个人是右丞相，在北大汉简《赵正书》中是御史臣（御史大夫）。

死，我们已不能毫无保留地全面信任《史记》的记载了，因此，无论是遗诏的问题，还是前面说过的丙寅日死亡之谜，我们都很难马上做出判断。而且《史记》秦始皇三十六年所记"今年祖龙死"的预言也很可能不是一年前，而是秦始皇死亡当年即秦始皇三十七年发生的事情，但是关于此事目前尚无更多的线索。无论如何，我们已经为新发现的史料的魅力深深吸引。

第八章

帝国的终结
——永远的秦始皇

行从直道至咸阳,发丧。太子胡亥袭位,为二世皇帝。九月,葬始皇郦山。始皇初即位,穿治郦山,及并天下,天下徒送诣七十余万人,穿三泉,下铜,[二]而致椁,宫观百官奇器珍怪徙臧满之。[三]令匠作机弩矢,有所穿近者,辄射之。以水银为百川江河大海,机相灌输,[三]上具天文,下具地理。以人鱼膏为烛,[四]度不灭者久之。[五]二世曰:"先帝后宫非有子者,出焉不宜。"皆令从死,死者甚众。葬既已下,或言工匠为机,臧皆知之,臧重即泄。大事毕,已臧,闭中羡门,[六]下外羡门,尽闭工匠臧者,无复出者。树草木以象山。[七]

[一]【集解】徐广曰:"一作'铟'。"铟,镡塞。] 【正义】颜师古云:"三重之泉,言至水也[四]。"

[二]【集解】徐广曰:"一作'铟'。"

[三]【正义】言家内作宫观及百官位次,奇器珍怪徙满家中。臧,才浪反。

[三]【正义】灌音馆。输音戍。

[四]【集解】徐广曰:"人鱼似鲇,四脚。"【正义】广志云:"鲵鱼声如小儿啼,有四足,形如鳢,可以治牛,出伊水。"异物志云:"人鱼似人形,长尺余。不堪食。皮利于鲛鱼,锯材木人。"项上有小穿,气从中出。秦始皇冢中以人鱼膏为烛,即此鱼也。出东海中,今台州有之。"按:今帝王

图片说明:《史记》卷六《秦始皇本纪》秦始皇三十七的记载(中华书局修订本,2014年)

该本是在1959年中华书局标点本基础上修订而成,是目前最好的本子

即位后的秦二世安葬了父亲秦始皇，秦始皇陵园匆匆完工。《史记·秦始皇本纪》谈到了地下宫殿的样子。陵墓本身尚未发掘，但我们可以通过《史记》的记载和遥感技术再现地下情形。我们据此发现，秦始皇遗体长眠的地下世界再现了秦始皇生前巡行的世界。从陵墓的情形人们可以窥知，这是一个想把自己置于宇宙中心，同时又为东方世界的思想所倾倒的秦始皇。

实际上，在《史记·秦始皇本纪》中对帝国终结历史的记述占了最大篇幅。而且，《史记》在三个本纪（《秦始皇本纪》《项羽本纪》《高祖本纪》）和一个世家（《陈涉世家》）中重复记述了秦王朝内部的权力斗争和地方反叛同时发生的历史。此外还通过两个列传（《李斯列传》《蒙恬列传》）描写了以赵高为中心展开的权力斗争。司马迁没有直接给赵高立传，而是采用"影子列传"的手法描写了赵高这个被历史声讨的人物。

在本书最后一章，我们将回顾秦始皇去世后帝国走向终结的三年历史。埋葬在陵墓中的秦始皇作为先帝，依然活在当时人的心中。

《史记》所见秦始皇陵

首先来确认一下《史记》的记载。《史记·秦始皇本纪》"始皇三十七年"条有关于秦始皇陵的记述，包括以下十项内容：①秦始皇三十七年九月，秦始皇被葬于郦山；②秦始皇从即位秦王后就开始营建郦山，统一天下后曾将多达七十余万的刑徒作为劳动力，送到这里修建陵墓；③向下挖掘时，挖掘者遇到三层地下水脉，为了防止地下水浸透，建造者们灌注铜水建造椁室，墓中摆满了宫中和百官的珍贵器物；④皇帝命令工匠制作带有机械装置的弩，用来射杀接近陵墓的人；⑤用水银模仿天下的河川、江河（长江和黄河）、大海，依靠自动机械装置使之流动不息，极其精巧；⑥墓室上面绘有天文图像，下面制作成山川地形；⑦工匠们用人鱼膏做成灯，令其永不熄灭。⑧秦二世认为先帝后宫中没有孩子的嫔妃不宜出宫，下令让她们殉葬，死了很多人；⑨下葬后，秦二世命令关闭中羡，降下外羡门，把了解陵墓内部结构的工匠关在里面；⑩种植草木，将陵墓仿建成山的样子。

这段记载谈到秦始皇陵的选址（①）、外观（⑩）、建造过程（②）、地下宫殿的样子（③④⑤⑥⑦）、殉葬（⑧）等情况。考古资料在辨别这些记述的真伪方面发挥了重要作用。陵墓的坟丘（图8-1）和环绕在坟丘外的纵边长的长方形内外城至今仍存，秦始皇就葬在坟丘中心的地下，但尚未发掘，因此我们还无法直接确定地

173

图 8-1 秦始皇陵

下宫殿内部的情形。

但是在内外城及其周边很大范围内，考古人员已经发掘了许多埋葬物品的陪葬坑和埋葬人的陪葬墓（图 8-2）。自 1974 年兵马俑坑发现以来，已经过去了四十多年。目前发现了铜车马坑、珍禽异兽坑、马厩坑、动物坑、石铠甲坑（K9801，K 是"坑"字拼音 kēng 的第一个字母，四个数字中的前两个是发掘年份，后两个是该年的总编号）、百戏俑坑（K9901）、文官俑坑（K0006）、水禽坑（K0007）等。《史记》中没有提到陪葬坑，可能司马迁也不知道兵马俑坑的存在（据估计俑多达八千个）。现在考古人员还发现了和资料⑧的记述相符的遗址，在内城东北部发现了陪葬墓区，发掘出了

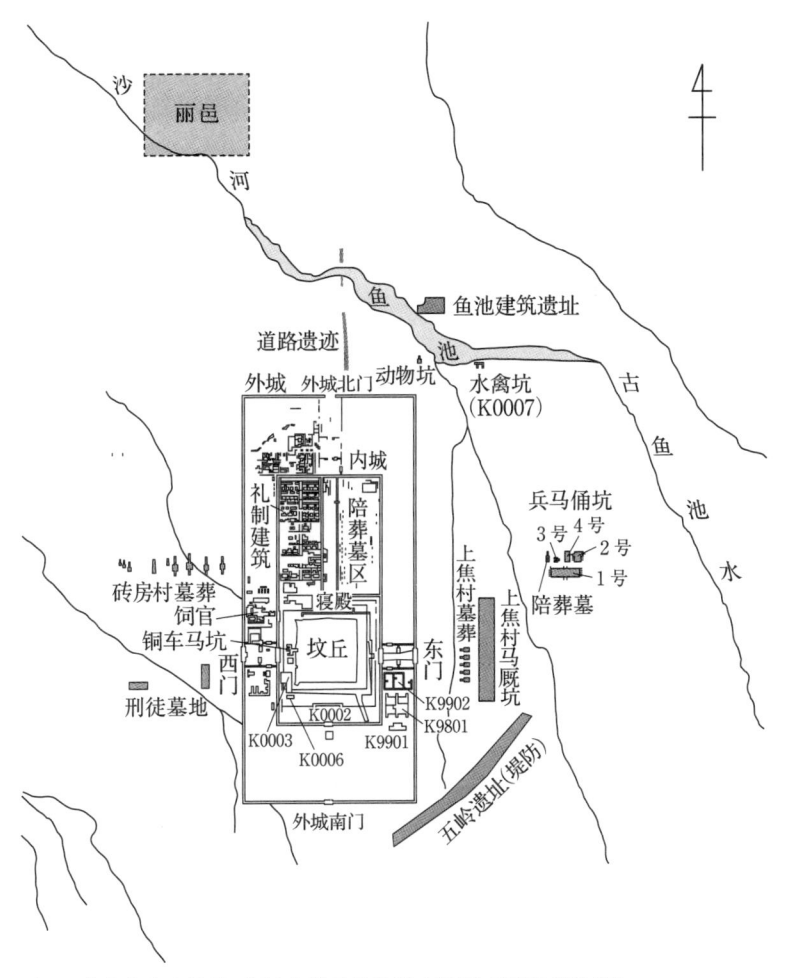

图 8-2 秦始皇陵遗址平面图 [在张卫星绘图（《秦始皇帝陵博物院》，2014 年) 基础上，略做修改]

残断的女性骨骼。

遥感调查

目前人们尚不能对《史记》记载的地下宫殿进行直接发掘，但中国开展的科学调查已经证实了它的存在。1981—1982年，中国曾对骊山地表的水银含量进行调查，证明确实存在资料⑤中水银制作的"河川""大海"。2004年，考古学家又实施了名为"考古遥感与地球物理综合探测技术"的国家高技术研究发展"863"计划。该计划以秦始皇陵的坟丘为中心，设定了23个采样剖面，通过拍摄断层照片获取地下结构图像。这是一次科学探索地下宫殿结构的调查。它采用了多达22种物探方法，将遥感和地球物理学等最先进的技术用于地下勘查研究，被认为是中国的国家战略研究计划。它利用高光谱遥感、三维弹性波CT（三维计算机断层扫描）、高分辨率瞬变电磁法（电磁波）、脉冲探地雷达（通过脉冲雷达的方法识别地下埋藏物）、高精度磁场法等技术，在不发掘秦始皇陵地下宫殿的情况下，从外部探查其内部结构。考古人员在保持封存了两千二百多年的地下宫殿原样的前提下，从地面上进行了探察尝试，调查成果以调查报告的形式正式出版[a]。这一科学探查不仅证实了以往根据《史记·秦始皇本纪》的记载对地下宫殿结构所做的推测，而且我们还获得了一些新认识。例如在地宫深达三十米的地方有一个巨大空间，以及在地上坟丘的内部隐藏着阶梯金字塔形的土层等。

我所在的日本学习院大学也从2009年开始，一直与从事卫星图像分析的专门机构——日本东海大学信息技术中心——的惠多谷雅弘先生的团队合作，进行根据卫星图像复原秦始皇陵自然环境的合作研究。我们的目的，与其说是证明《史记》对秦始皇陵的记载，不如说是发现司马迁没有记述的陵墓建造方面的新秘密。

秦始皇陵的选址

首先来看一下《史记》关于秦始皇陵建于郦山的记载（资料①）。秦始皇陵墓在当时不叫"秦始皇陵"，而称作"郦山"（《史记》）或"骊山"（《汉书》）。需要注意的是，名叫"郦山"的陵墓名与叫"骊山"的山名没有区别。为了避免混淆，本书分别使用"郦山陵"（秦

---

[a] 编者按：报告指《秦始皇陵地宫地球物理探测成果与技术》，此书由地质出版社2005年出版，由国家高技术研究发展计划（"863"计划）、中国地质调查局联合资助。

始皇陵）和"骊山"（自然山岳）来加以区别。总之，由于秦始皇葬在骊山北麓斜坡上，而那里又修建了人工坟丘，所以人们就用这个山的名字来称呼坟丘了。

为了搞清楚秦始皇选择葬在骊山的原因，我们分析了各种卫星图片，详细考察了骊山北麓的环境。首先将美国陆地卫星7号（Landsat-7，分辨率15米）、日本对地观测卫星（ALOS大地号，分辨率10米）、快鸟卫星传感器（QuickBird，分辨率0.6米）组合起来，制作成4K卫星三维影像，观察骊山周边的地形。这样，骊山的视频影像就变得一目了然，可以全方位俯瞰。骊山北麓是骊山距离渭水最近的地方，地形独特，好像竖起一道屏风，守护着中央秦始皇陵所在的地方（图8-3）。

接着我们使用SRTM/DEM(美国航天飞机搭载雷达地形模型／数字商程模型)，以秦始皇陵的坟顶为中心，按从南向北、从东向西的方向制作了剖面图（图8-4）。秦始皇陵所在的骊山不是水平的，略微向北（准确地说是西北偏北方向）倾斜。环绕坟丘的外城南北倾斜度是2度，这个坡度可以使地表上的雨水迅速流走。秦始皇陵周围残留了很多西北向的古河道痕迹，将全景图（CORONA图像）提取出来，就会发现在陵的东南方名叫"五岭遗址"的地方有个堤坝，它阻挡了河水流入坟丘，守护着陵墓。我们也搞清楚了秦始皇陵坟丘的建

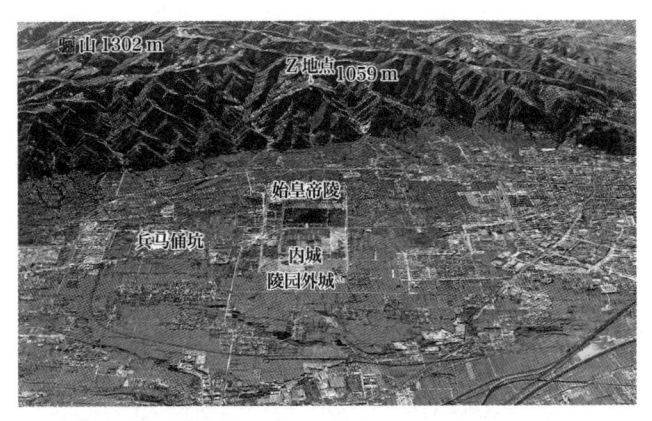

图 8-3 骊山与秦始皇陵（图的下方是北）
图像处理：东海大学信息技术中心
数据：WorldView-22011/01/07 及 2010/12/30 摄影数据的马赛克图片
（©DigitalGlobe/ 日立ソリューションズ）

筑方法。如果我们从海拔 500 米等高线的位置看过去，就会发现秦始皇陵所在的地方有出乎意料的突起。这是当时人为了让秦始皇陵的地基高于水平面，切挖骊山之麓的土壤形成的。

资料③中地下宫殿的建筑也利用了骊山的斜坡。秦朝为了让秦始皇的遗体、棺椁不受地上温度和湿度变化的影响，不腐朽地永久保存下去，就必须深挖墓穴。但当他们挖到第三层地下水脉时，地下水涌进墓室。当时工匠们采用让地下水沿着坡面流走的方式排出了地下水。我们根据秦代古井的深度推测，这里地下水的深度

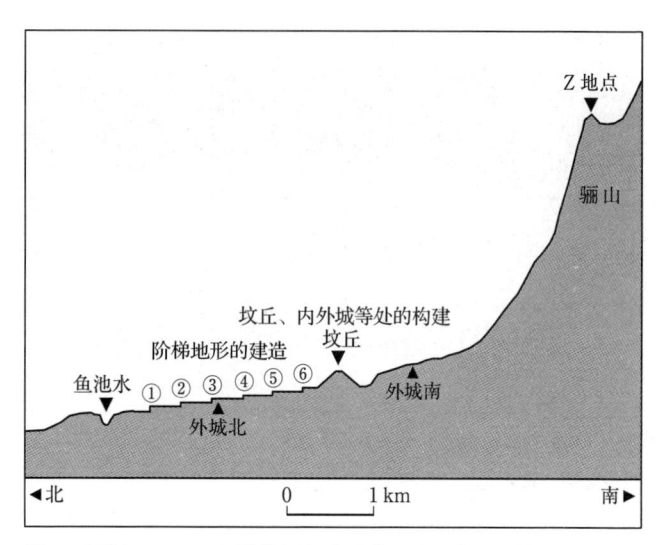

图 8-4 根据 CORONA 图像推测的陵园建设时的南北中轴线上的地形剖面

SRTM/DEM·ALOS/DSM 数据来源于东海大学信息技术中心。高度约以 10 倍放大（©TRIC/NASA/JAXA/PASCO）

应当有十五六米。为了避开地下水，陪葬墓、陪葬坑的深度应该在地下水以下，所以秦始皇陵的地下宫殿特意挖到了三十米深。《史记》记载，人们为了避免地下宫殿被地下水浸透，用铜进行堵塞，但当时不只采用了这一种方法。中国方面的调查发现，地下还设有堤坝。地下水顺着坡面流走，堤坝则避免了地下宫殿被浸泡。当时人们用这样的方法保护地下宫殿免受地下水的侵蚀，将秦始皇遗体密封保存在深达三十米的地下，使其不致腐烂。

两个骊山

其次，在资料⑩中，秦人修筑人工坟丘，在上面种植草木，以模仿自然之山，这些有什么意义呢？现存坟丘东西长345米，南北宽350米，高度的话，由于坟丘位于斜坡上，因此从南面测略高些。据载，原本坟丘东西长485米，南北宽515米，高115米。秦始皇陵最高时也不及骊山高。

我们最初认为骊山山顶上可能会有线索，并着手调查，结果发现从山顶上看不到秦始皇陵，从秦始皇陵也望不到骊山山顶。我们从秦始皇陵内城南门眺望骊山，从东部戏水到西部华清池之间是绵延约十公里左右的山峦，弧形山麓像屏风一样呈左右对称，中央有一个尖尖的山峰映入眼帘。我们以它附近的村子郑家庄（Zhèngjiāzhuāng）的开头字母给这个山峰命名为Z地点，考察它与秦始皇陵的关系（图8-3）。

东海大学制作的高精密4K卫星三维影像，可以从任何角度俯瞰秦始皇陵。结果我们发现，如果将外城西墙的南北轴线平行移动到秦始皇陵的顶部，这条中轴线就会与 Z 地点重合。由此可知，秦始皇陵不是以骊山山顶，而是以三公里外的、位于骊山北麓弧面中心的 Z 地点（海拔 1 059 米）为地标的。以骊山的 Z 地点为中心，秦始皇陵与绵延起伏的山脉融为一体。因为在那里可以随心所欲地观赏壮丽的骊山山脉，所以秦始皇才选定 Z 地点为地标，以享受一览无余的景色吧。总之，他无疑是想建造一个与"自然之山"融为一体的景观。

当我们用地球观测卫星（WorldView-2，美国数字地球公司的观测卫星，分辨率约 50 厘米）提高图像的精确度来确认南北轴时，发现南北轴比现在地图的正北方向偏东 1.4 度。包围坟丘的内外城，以及兵马俑坑等众多陪葬坑也同样偏东 1.4 度。这和 2 200 年前北极星的位置是一致的，当时可能就是以北极星为标准来测定南北方向的。

向外延伸的陵园空间

和我们进行合作研究的惠多谷雅弘先生，从全景图中找出了与坟丘南北轴垂直相交的东西向的直线。由于南北轴向东偏，所以这些东西线也和地图上的东西方向有所偏差。六条东西直线都位于外城的外面、坟丘的北面。我们立即到实地去验证，结果发现那里是阶梯状地形，每个阶梯间的距离约2—3米（图8-4）。1960年的全景图像尚未受到当地开发的影响，所以这片阶梯状地区很可能是陵墓建设的一个组成部分。

司马迁一定知道秦始皇陵设有封土以及围绕着封土的内外城，但却完全不知道外城外面的地下还设有众多的陪葬坑。秦始皇陵的陵园一直延伸到外城以外什么地方，目前还很难确定。兵马俑坑在距外城东面1.5千米的地方。从卫星图像上发现的外城以外的阶梯地形，应当是秦人将骊山北麓的斜坡修整成阶梯状，平整出一块土地后在上面建造陪葬坑等留下来的痕迹。即便是现在，人们要在斜坡上进行建筑，也要先平整出一块水平的土地。古代人当然也要这么做。这里很可能埋着某些不为人知的建筑遗址。

在秦始皇陵的北面有个叫"丽邑"的城市和一个叫"鱼池"的湖泊（图8-2）。古人通常会将墓地与居住的城市分开，但在秦始皇十六年秦国就开始在秦始皇陵设置丽邑，在秦始皇三十五年将三万家迁到丽邑。秦始皇活着时，秦朝就已经开始在建造中的墓地附近兴建起巨大城市。"葬郦邑"（《秦始皇本纪》所附《秦记》中的记载）这一说法，意味着郦（丽）邑和骊山陵是一回事。秦始皇开创的这套制度被西汉继承下来，称作"陵邑"。1988年，人们在新丰镇刘家寨发现了丽邑的建筑

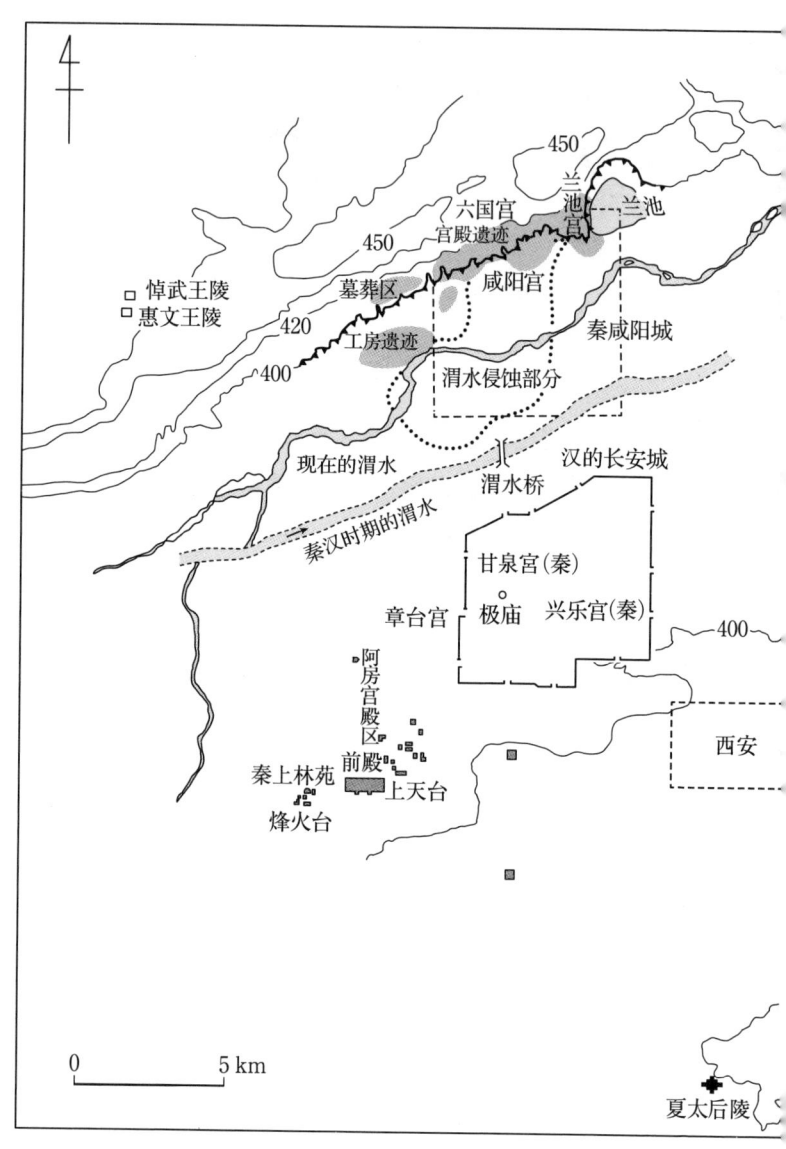

图 8-5 咸阳和秦始皇陵

灞水　渭水

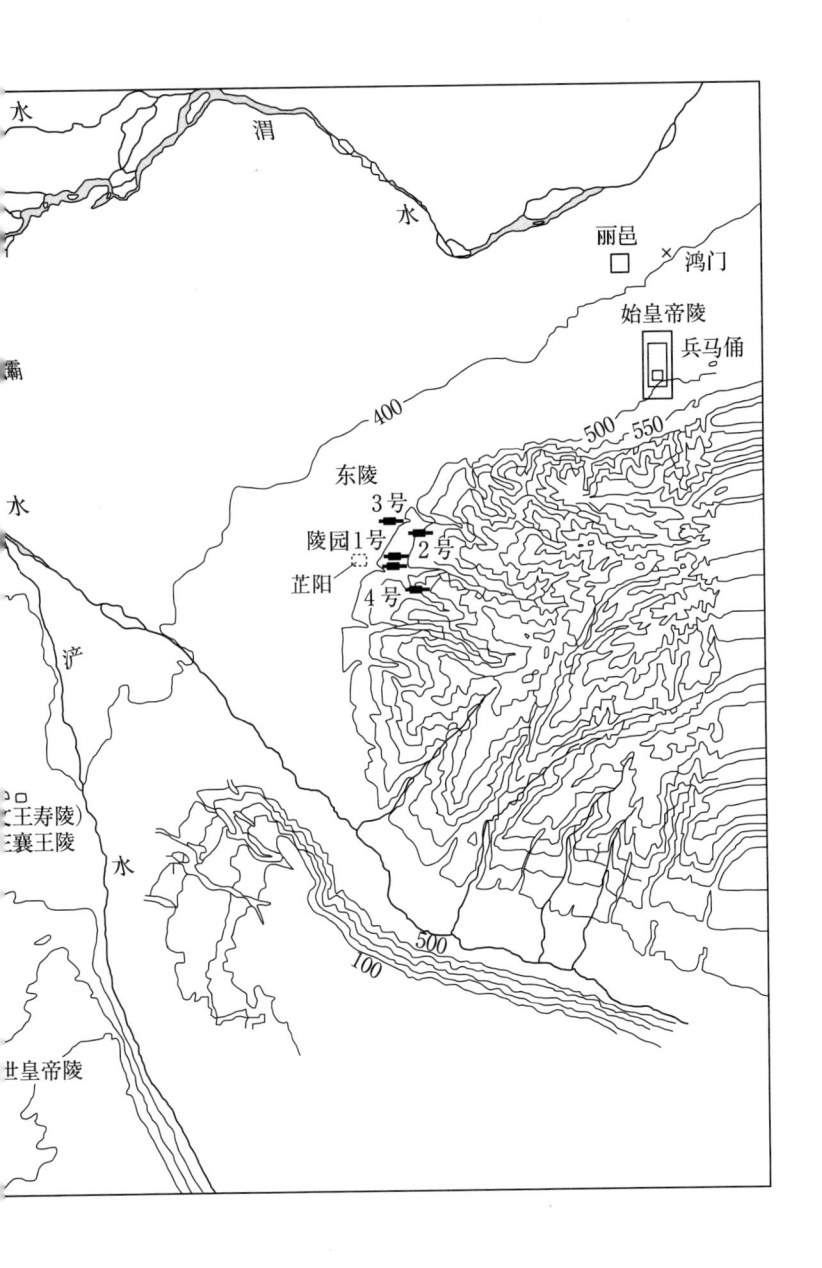

丽邑　×鸿门

始皇帝陵　兵马俑

400　500　550

东陵　3号
陵园1号　2号
芷阳　4号

浐水

(王寿陵)
王襄王陵

500
100

世皇帝陵

遗址。到了汉代，汉高祖（刘邦）仍很重视这座城市，将其改为新丰县保留了下来。

传说"鱼池"是提供秦始皇陵封土用土的地方，因挖土积水形成池子，它位于秦始皇陵和丽邑之间，发挥着多种功能。它既是避免河川流入秦始皇陵的滞水池，也是丽邑居民的供水源，甚至还是避免地下水渗透到地下宫殿的储水池。我们在池边的地下发现了水禽坑，青铜制的天鹅、仙鹤、大雁等鸟类并排站立在地下的水边，仿佛是地上鱼池的光景。

水银流动的永恒世界

据《秦始皇本纪》秦始皇二十七年条记载，这一年，秦始皇建起从咸阳极庙到郦山墓（图8-5）的道路，将两者连接起来。进而在秦始皇三十五年，开始营建阿房宫，向丽邑移民，同时在咸阳和秦始皇陵正东方向大约1 000千米外的东海海滨修建东门，都城、陵墓和帝国的东门连成一条直线。东门的对面就是传说中长生不老的三神山世界。地上这一壮丽的空间格局也被浓缩表现在地下宫殿中。

根据中国方面的物理探察，地下宫殿的大小为东西长170米、南北宽145米，墓室东西长约80米、南北宽

图 8-6 秦始皇的地下宫殿模型

约 50 米、高 15 米左右（图 8-6）。据说墓室四壁用石灰岩保护，周围覆盖着 17—21 米厚的版筑夯土墙。正如《秦始皇本纪》所记述的那样，在地下宫殿内部用水银灌注成全国的河川、长江和黄河，制作自动机械装置，再现江河流向东面大海的场景。水银的比重比铁还重（摄氏 20 度时密度约为 13.54kg/m^3），常温下呈液态，不停地流动。

我们再来看一下封土地表水银调查图中地下宫殿和墓室位置的情况。地下墓室内，东北部水银浓度高达 280ppb，地下宫殿南侧很大区域内也发现了水银成分。由于水银无法完全挥发，地下宫殿直到现在仍会残留大量液态水银。如资料⑥所述，墓室中上绘天文，下描地理。秦始皇把自己巡行访问过的山岳世界用壁画展现出来。天文图则以北极星为中心展开，河川滔滔不绝地从西方山脉中流出，注入东方的大海。秦始皇希望自己的遗体能在这样的永恒世界中永远保存下来。接着资料⑦记述，用人鱼（可能是儒艮类海洋哺乳类动物）厚厚的皮下脂肪为膏做成长明灯，永远燃烧，照亮着地下宫殿。

兵马俑坑的发现

1974年3月，由于春旱，临潼县（今西安市临潼区）西杨村的村民在种植柿子的果园里打井。据说挖到一米深时出现了红色的坚硬土层，挖到五米时意外地挖出了陶片。当时村民们没有想到它会和秦始皇陵有关，直到发现了不知何时被命名的"兵马俑"，以及上有相邦吕不韦铭文的实物兵器，人们这才明白这些与秦始皇陵有密切关系（图8-7）。原物大小的士兵和马俑是用黄土捏塑，烧制而成的。这在《史记》中完全没有记载。考古共发现了三个俑坑，真实再现了秦国军队的样子，所以人们推测可能有八千个陶俑。陪葬坑的发掘工作持续了四十年，至今仍未结束。

我们对南北约60米、东西约200米的兵马俑坑的

图 8-7 兵马俑坑

全景图像进行了分析。20世纪60年代冷战时期的美国军事卫星记录了兵马俑坑未发现前的场景，它周围都是耕地，这里却是一片荒野。地下有一个巨大的坑，应当是土塌陷下去造成的。这里的土壤大多是没有保水能力的沙砾，所以不适合做小麦田，而被用作墓地和果园。陪葬坑并没有挖到出水的地下水位位置。兵马俑坑挖到5米深，铜车马坑挖到8米，陪葬品就埋藏在这个深度挖出的空间里。因此考古人员从地面向下挖一米，就碰到了陪葬坑坚硬的夯土层天井。陪葬坑的地面土壤上会留有若干痕迹。从卫星图像分析来看，第二个兵马俑坑的发现并不是梦。只是到那时就推翻了兵马俑坑是秦始皇陵东面所设的唯一一座陪葬坑的定论。

二号坑中陆续出土了色彩鲜艳的彩色士兵俑。对于已经习惯了此前发现的土色兵马俑的我们来说，这些彩俑令人新奇。活灵活现的真人大小的兵马俑，无论是在秦始皇之前还是之后都从未出现过。为什么要做这样的东西呢？

秦国早在献公（公元前385—前362年在位）时期，献公元年（公元前384年）就废除了殉葬制度。王死后，近臣和宫女们要服毒自杀，被埋葬到王墓中。王喜爱的车马也要被活埋。这就是殉葬制度。它意味着王周围的人和王的时代一起被埋葬到地下。位于秦故都雍城南面的秦公一号大墓中，甚至有162人被殉葬。据《史记》记载，秦武公（公元前697—前678年在位）殉葬了66人，穆公（公元前659—前621年在位）殉葬了177人。它还谈到，穆公让秦国的三位良臣为自己殉葬，秦人痛惜三人之死，为此作了一首名叫《黄鸟》的诗。其后出生的孔子也曾批评过这种人殉。

孔子同时也批评了用俑（人偶）制度，但这件事并不为人们所熟知。孔子"始作俑者，其无后乎"（他们将会没有后代）的话不载于《论语》，而是继承孔子衣钵的战国时期的孟子（见《孟子·梁惠王章句上》）转述的。据说孔子不能容忍埋葬模仿人形的俑。当时还没有出现像《日本书纪》中见到的那种制作陶俑以代替活人殉葬的创意。如果孔子看到这些逼真地模仿真人制作的秦兵马俑的话，一定会感到非常悲哀吧。儒家的思想认为不应当将人的灵魂转移到栩栩如生的俑的身上。此外，由于1974年兵马俑的发现，人们开始将秦始皇陵与俑联系起来，但有趣的是，14世纪的日本战记小说《太平记》在谈及秦始皇陵的殉葬时，就引用了孔子评价俑的那段话。

肢解的遗骸

让我们再来看看秦始皇死后的秦王朝。赵高向秦二世胡亥建议，将质疑沙丘谋策的秦始皇的公子和大臣们依法治罪。据《李斯列传》记载，胡亥杀死了蒙毅等大臣，将秦始皇的十二个公子在咸阳市场上处以死刑（《秦始皇本纪》说六个公子在杜县被处死，与此记载不同），秦始皇的十个公主（皇女）在杜县被处以肢解身体之刑。全部公开处刑，应当是为了让大臣们服从弱小的秦二世的权力。但这些人被判罪的理由都不清楚，或许是秦二世强制他们给父亲秦始皇殉葬的一种方式。

胡亥将他们埋葬在秦始皇陵东外城的外面（上焦

村墓葬）。那里共有十七座墓，考古学家已发掘了其中的八座。这些墓中呈现的惨烈景象甚至超过了《史记》的记载。在这里的考古学者不得不变成验尸官。首先，十一号墓的墓主是推测年龄为三十岁的女性，根据随葬铜印可知她的名字叫阴嫚，陪葬有铜镜、带钩（腰带扣），骨骼基本完整。由于上下颌骨异样错位，我们知道其死因是缢死。其次，十七号墓是推测年龄为二十岁的女性骨骼，她的头部、躯体、足部被切开。十六号墓是一名三十岁的男性，我们也可以根据随葬铜印知道他叫荣禄。荣禄的头骨、足部也被分开。十五号墓的三十岁男性，左侧头部和下颌骨的间隙被青铜镞贯穿，他是在毫无防备的情况下主动脉受到突然袭击当即死亡的。十八号墓的陪葬品中有铜剑等，但是没有发现遗体。这里应当隐藏着《史记》没有记载的史实。紧挨着这些墓葬的东面还有九十三座活埋真马的马厩坑。

秦始皇公子、公主的罪名是对秦始皇不臣不孝，因此他们被处以肢解身体的极刑。大臣们也被定为不臣罪。赵高让秦二世制定新的严酷法律，把质疑秦始皇伪诏的人都处以极刑。将受之于天地和父母的身体肢解，是让人死后不得超生的残忍刑罚。

当时只有秦始皇的公子高被免于死刑，他自己选择了殉葬之路。他上书自诉说，自己作为儿子想对先帝尽孝，而作为臣下则想保全忠信。因此他向秦二世请求，希望殉葬在郦山陵（秦始皇陵）脚下。秦二世答应了他的请求，并赐给他十万钱用以安葬。据说秦始皇陵坟丘西北端的那座甲字形墓葬就是公子高的墓，但也可能是座陪葬坑。公子高和其他公子不同，他自愿殉葬秦始皇，长眠在内城内最靠近秦始皇遗体的地方。

秦始皇至少有二十六个孩子：被处刑的十二位公子和十位公主，加上公子高和长子扶苏、将闾三兄弟，以及幼子秦二世胡亥。他们的母亲虽然没有殉葬，但后宫的年轻女子都被杀了。秦始皇后宫中的女性中没有一个人留下了名字。就连秦始皇的母亲也只被称作"帝太后"，人们不知道她的名字。秦始皇皇后的名字也不得而知。

在坟丘西侧，内城与外城之间的地方有陪葬墓。那里共有六十一座墓葬，但好像没有埋葬任何人，是仅具其形的空墓。在外城的西面也有墓葬。秦始皇死后仅三年多秦帝国就崩溃了，秦始皇的陵园最终也未能完工。这些地方或许本来是让侍奉秦始皇的大臣和将军们陪葬的墓区。服侍秦始皇的丞相王绾、隗状、冯去疾等高级官吏，王翦、王贲、王离三代将军，以及秦始皇的弟弟长安君成蟜、王龁、麃公、李信、桓齮、杨端和、羌瘣等在六国战争中起推动作用的将军们，他们的名字永垂青史。如果秦没有失去社稷，这些人一定会在地下守护死后的秦始皇。李斯在秦始皇的统一事业中发挥了重要作用，最后却因和赵高的矛盾，在咸阳市场被处以腰斩刑。据载他后来被迁出秦始皇陵，归葬到遥远的故乡楚地上蔡。蒙骜、蒙恬、蒙毅是三代服侍秦始皇的将军蒙氏家人，他们和秦始皇的长子扶苏一样，都曾是秦始皇最信赖的人。他们也受到秦二世胡亥和赵高的排挤，没能在地下守护秦始皇。蒙恬和扶苏都是在北方边境之地接到秦二世宣告他们死罪的诏书的。现在传说他们的墓都在陕西省北部的绥德县。秦始皇的陪葬者不是根据他本人的意愿，而是根据秦二世胡亥和赵高的政治意愿选择的。

"影子帝王"赵高

秦始皇死后，秦二世当政的三年（公元前209—前207年）和第三代秦王子婴统治的四十六天，是秦帝国走向崩溃的历史。《史记》对这三年余的记载甚至比秦始皇时期还要多，极其生动地刻画了动乱中一个个鲜活的人物形象。

我们读了《秦始皇本纪》关于这三年的记载后，就会了解秦二世、秦王子婴两代宫廷混乱的内情。而读了《项羽本纪》《高祖本纪》，就可以从上将军项羽和沛公刘邦的角度了解他们与秦二世交战的历史。司马迁重视陈胜起义后建立的仅存六个月的楚政权，将其收入《陈涉世家》（"涉"是陈胜的字），读者们不禁会为手持农具奋而反抗秦军的农民喝彩。读了《蒙恬列传》，读者则会为曾备受秦始皇信赖的蒙氏家族和秦始皇继承人扶苏一起没落的历史感到失落。读了《李斯列传》，会了解到那个辅佐秦始皇达到政权顶峰的男人最终没落的历史命运的悲哀。每处描写都犀利生动，耐人寻味。只是，为了读懂这三年的历史，需要把《史记》各处的记载不厌其烦地前后反复读。《史记》中有一个叫作《秦楚之际月表》的年表，将这个年表放在手边，会有助于理解事件发生的时间顺序。

司马迁就这样从不同角度描写了秦王朝的最后时刻，与此同时，他也注意到了主导秦最后这三年的另有其人，但他并没有把这个人列入列传，而是巧妙地将他的事迹分散到其他几个列传中。司马迁虽然没有直接挑明，但却用大量证据让我们认识到这个人的重要性。虽然我们不清楚司马迁所依据的史料来源，但在秦始皇死后，这个秦始皇最信赖的男人所采取的行动被分散在《史记》各篇之中：他与胡亥的对话被收录在《秦始皇本纪》中；他对曾判自己有罪的蒙恬、蒙毅兄弟心怀怨恨，通过胡亥进行报复的经过被收录在《蒙恬列传》中；他取代李斯控制政治中枢的过程被收录在《李斯列传》中。这个人就是赵高。

秦二世胡亥虽然成功地继承了秦始皇的皇位，却不是依靠自己的智慧。支持胡亥的是他的师傅赵高。关于秦始皇幼子胡亥的年龄有两种说法。根据葬于上焦村秦墓中胡亥兄弟们的骨骼推测，公子们是三十来岁，公主们则是二十多岁。那么幼子胡亥即位的年龄就应当不满二十岁。《史记·秦始皇本纪》说胡亥即位时二十一岁，但卷末所附《秦记》（司马迁编纂《秦始皇本纪》所依据的秦国史书）却说是十二岁。胡亥是成人还是少年，这对秦帝国最后时期的影响完全不同。

《史记》刻画了这样一个场景，胡亥向赵高抱怨说："朕年少初即位，黔首未集附。"赵高也曾对胡亥说"陛下富于春秋"，让他深居禁中（宫中），不要见大臣，而把朝政委任给自己。在古代，十几岁及以下年龄的皇帝即位时，臣下不能用"年少"这样的词来形容皇帝，而要用"富于春秋"这样委婉的表达方式。西汉时大臣们对十七岁的惠帝、十六岁的武帝、九岁的昭帝等少年皇帝都使用了这样的说法，但对二十一岁的成年皇帝则不用。如果胡亥十二岁时即位，那他就应当是在秦始皇统一天下前后出生的。胡亥成为秦帝国的第二位皇帝时,甚至比十三岁即位的秦始皇还小了一岁。就像少年秦始皇依靠吕不韦一样,少年胡亥也完全依赖着赵高。赵高是第二代帝王的影子。

在秦二世短短三年的在位时间里,赵高最初是以郎中令的身份从禁中发出帝命的,不久他终于取代丞相李斯,升为丞相,将内外权力揽入手中。赵高总结了秦始皇的时代,为之增添了神话色彩,并在完善秦始皇地下帝国等方面也发挥了重要作用。虽然他和嫪毐一样都给人留下强烈的反派印象,但即便他是反派形象,我们也要挖掘出其真实面目。这也和搞清秦始皇作为"凡人"的一面紧密相关。

赵高是被秦所灭的东方赵国王族的远亲。大概是在秦王赵正猛攻赵国时,赵高的父母投降秦国,母亲以官奴身份被监禁,在这期间生下赵高。赵高兄弟都是从秦国宫中的杂役起家的。在这种境遇下,赵高仍然掌握了学问。在秦始皇还是秦王时,赵高就因法律知识渊博得到赏识,做了中车府令。这是一个管理皇帝乘舆的亲信重职,皇帝离开宫城时,他要和皇帝同乘一辆御辇。

皇帝身边的侍从官吏和普通的官吏截然不同。他们被称为"宦者",登记在宦籍上。"宦皇帝"的宦,原本不是指被去势（阉割）的男子。东汉以后，宦者才专指被去势的男子，但是在秦始皇时代，一般的男子若在皇帝身边服侍，也称作宦者。唐代人都认为赵高是被阉割的宦官，但是在秦汉史料中没有这样的说法。大概是因为唐代宦官政治弊端很大，所以唐代人才会产生这样的看法。

秦始皇庙

赵高服侍秦始皇长达二十多年。他也经常接触秦始皇的公子。特别是幼子胡亥，赵高曾教导他"刑罚"是怎么回事。正因为赵高深受秦始皇的信赖，在秦始皇死时他才能够控制局面，改变秦的未来走向。有一种说法认为赵高为了向秦国复仇，毛遂自荐做了宦官以便接近秦始皇。但是我们从赵高有女婿这件事就可以看出，这纯属穿凿附会。可以说，赵高正是出于对秦始皇的强烈忠心，才暗中支持少年胡亥即位的。

因此，我们从秦二世胡亥颁布的诏书中读取的，其实是皇帝的亲信郎中令赵高的意志。前文提到的那道将秦始皇未得子的嫔妃殉葬的命令，应当就是自由出入秦始皇后宫的赵高的计谋。

此外，将放置秦始皇牌位的庙称作"极庙"[a]，应该也是赵高的主意。赵高的目的是不以活着的皇帝（秦二世），而以死去的皇帝（秦始皇）为中心建立帝国体制。在秦始皇活着时，秦始皇不过是历代秦王中的一位。历代秦王除了有安葬遗体的陵墓外，还有放置牌位的庙分散设置在古都雍城和咸阳。根据记载，赵高想仿照天子七庙的礼仪整理出七座庙宇，将秦始皇庙设在中心。从秦始皇庙开始，此后皇帝的庙左右各三个依次排列。秦始皇在生前确立了超越王的"皇帝"称号，赵高则在秦始皇死后设立了与之相应的帝庙。供奉秦始皇的寝殿和庙里的"牺牲"数量也随之增加，全国进献的贡品并排摆放着。赵高在秦始皇死后，还希望通过神化秦始皇来阻止秦帝国的崩溃之势。也可以说他是要构建一个全国官吏和民众都供奉秦始皇神灵的帝国。正是出于这个目的，他才急于完成秦始皇陵园。

让秦二世再现秦始皇东方巡行的场景，借助秦始皇的威信向天下展示秦二世的力量，这也是赵高的计策。

---

a 编者按："极"在此处应当象征天极（上天的顶点、天的极限、北极星等）或指寝庙的规格等级是最高的。《史记·秦始皇本纪》："二十七年，始皇巡陇西、北地，出鸡头山，过回中。焉作信宫渭南，已更命信宫为极庙，象天极。司马贞 索隐：'为宫庙象天极，故曰极庙。'""二世下诏，增始皇寝庙牺牲及山川百祀之礼。令群臣议尊始皇庙。群臣皆顿首言曰：'古者天子七庙，诸侯五，大夫三，虽万世不轶毁。今始皇为极庙，四海之内皆献贡职，增牺牲，礼咸备，毋以加。'"

秦始皇立的刻石上只记载了他生前的称呼——皇帝。秦二世在这次巡行时，在刻石的侧面追刻了新皇帝（秦二世）诏书的内容，还添上了秦二世大臣的名字，如丞相李斯、冯去疾以及御史大夫德（姓氏不详）的名字，但赵高的名字没有出现。秦二世刻石文的部分内容可以从泰山刻石的残存部分看到。因为秦二世的行动彰显着赵高的意志，所以并不需要刻上他的名字。秦二世刻石中第一次刻上了"始皇帝"三个字，这一点至关重要。秦始皇活着的时候只被称作"皇帝"。"始皇帝"是讨厌谥号的秦王赵正自己命名的死后称号。也可以说，秦皇帝的帝国从现在开始才变成秦始皇的帝国。

未完成的帝国

但是赵高清楚，随着秦始皇的死，现实的秦帝国已经陷入危机。事实上，秦始皇死亡三年后，他的帝国就崩溃了。秦二世即位第一年时还在进行咸阳城的扩建工程，他当时还有精力去想如何尽快完成因秦始皇之死而未完成的帝国。秦二世出发巡行，令丞相李斯随行。郎中令赵高当然也要随行。他们希望将地下帝国的建设与地上帝国的建设同步推进下去。

秦始皇未完成的帝国，是指秦始皇残留的事业。秦始皇通过与匈奴、百越的战争了解了中国的周边世界，于是他想建立中华帝国。秦二世巡行的目的之一，是让全国人民在秦始皇死后仍能感受到帝国的威严。作为帝国的中心，战国秦的咸阳城已经无法满足需要，他必须建立新的帝都咸阳城，即一个南北横跨渭水的首都，当时人把渭水看作天上的银河一样（参见图 8-5）。

赵高想用地下帝国来加强完善地上帝国。然而，秦始皇死后的第二年，陈胜农民起义的一支部队发展迅猛，这支部队拥有战车千乘、步兵数十万，攻破函谷关，直逼咸阳城。秦迅速集结军队，暂时中断秦始皇陵的修建工程，让刑徒和奴隶拿起武器进行战斗。不仅如此，各地势力好像在等待着秦始皇的死亡时刻，也迅速举起反叛秦帝国的大旗。陈胜建立张楚[a]政权，自称"楚王"，各地纷纷响应，赵王、燕王、齐王、魏王、韩王也都举兵自立。项羽和刘邦也举起义兵，但此时他们还不具备站上舞台的实力。此时秦军还占据着优势地位，因为起义的诸王之间联系还不紧密。秦军以将军章邯为统帅进行反击，陈胜的御者庄贾杀死陈胜，投降秦，和项羽一起起兵的叔父项梁也在定陶被秦军打败。

在这种形势下，秦始皇死后的第三年，赵高终于除

---

a 编者按："张楚"意为"张大楚国"。

掉秦二世，掌握权力，开始筹划新的帝国。他任命弟弟赵成为郎中令，从内部压制秦二世，处死李斯，自己做了丞相。结果皇帝的权力从内到外都受到限制。之后秦二世被逼自杀，连皇帝的玺印也被夺走了。但此时曾发誓效忠赵高的将军和军队也开始背叛他。

处死丞相李斯

秦二世三年冬，官至左丞相、拥有实权的李斯在咸阳市场被处腰斩，死于非命。《李斯列传》详细记载了这一经过。籾山明先生以"李斯的审判"为题研究了整个事件，认为它虽有编造的成分，却是反映秦代真实审判制度的案件。近年来随着法律简的出土，秦代的审判制度变得日渐明朗，因此，赵高作为宫中内朝（皇帝身边的官僚）的最高权力者，巧妙诱导朝廷外朝（行政官僚）的最高权力者李斯，将他判刑入罪的故事，也随着新史料的出现，得到新的解读。这是《史记》的新读法中一个重要的案例。我们参考籾山先生的研究，重新梳理一下《李斯列传》的记载。

李斯的审判分以下四个阶段展开：①由郎中令赵高主持审判；②李斯在狱中上书自诉；③秦二世亲自主持审判，赵高介入；④判决与处刑。赵高虽然非常想除掉李斯，但也不能恣意妄为，必须经过一定的审判程序，它证明秦的"法治主义"确实得到了彻底贯彻。

首先，赵高主持对丞相李斯的审判。李斯被捕入狱，戴上刑具遭到拘禁。李斯的罪名是和儿子李由一起预谋造反。秦二世元年七月爆发了陈胜、吴广农民起义，农民军中有一支由周章率领的军队，攻破函谷关，直逼咸阳城。三川郡守李由所管辖的三川郡位于叛军的进军路线上，却未能阻止叛军。朝廷为此向李由的父亲、身为丞相的李斯问责。李斯一族和宾客们也都连坐被捕。赵高命人笞打李斯数千下，李斯忍受不了疼痛，招认了自己实际上没有犯的罪行。根据睡虎地秦简中名为《封诊式》的论述审判方法的书，为了让嫌犯招供，法律允许进行笞打即拷问。《史记》原文作"不胜痛，自诬服"（被迫认罪）。司马迁是站在相信李斯是无辜的这一立场写的。右丞相冯去疾（曾和李斯一起劝谏过秦二世）和将军冯劫也被判死罪，他们认为被捕太屈辱，所以选择了自杀。但李斯希望得到再审的机会，从狱中上书秦二世，诉说自己的心情。但是这份自诉状落入了赵高手中。

李斯在上书中把自己身为丞相为秦统一事业所做的七项功绩反说成七宗罪，向秦二世诉说冤情，对秦始皇的统一事业做了煞费苦心的总结。李斯说的七宗罪包括：俘虏六国国王，立秦王为天子；通过南北战争，以见证秦王朝的强大；赐予大臣爵位，以巩固君臣关系；立秦国社稷、宗庙，向天下昭示秦国君主的贤德；将秦国的度量衡和文章（行政文书的格式）推行于天下；在全国修建驰道和离宫，以扩大君主的权威；缓刑罚、薄赋敛，以得君主和民众的信赖。总之他把导致民众反叛秦的责任揽在自己身上，但表明自己并没有预谋造反。

上书被赵高命人毁掉了，之后由秦二世亲自主持再审。赵高此时采取了秘密行动。因为这是皇帝主持的审判，本来应该由御史（侍御史）、谒者、侍中等皇帝的近侍来审问李斯，但赵高让自己的宾客伪装成这些官吏，先行进行审问。李斯对此并不知晓，在他们面前诉说自己的无辜，坦露自己的心声，将之前的供词全部推翻，却再次受到笞打，最终不得不再次认罪。罪状与审判结果上奏给秦二世后，得到秦二世的认可。赵高派使者到李由所在的三川郡，李由当时已经被项梁所杀，于是赵高伪造了一份李由承认谋反的供词。最终李斯被判决施以五刑，并在都城咸阳众人面前施以腰斩刑。这是史无前例的残酷刑罚。就这样，赵高在秦二世三年的冬天终于得到了丞相的位子。

秦二世的末日

在秦二世三年八月，赵高终于瞄上皇帝的位子。这始于"向秦二世献鹿"这件事。鹿是象征皇帝权力的动物，秦很忌讳让追捕到的鹿逃走。如果有人献上这样一头鹿，秦二世一定会很高兴。但赵高却当着大臣们的面儿把鹿说成马。少年皇帝笑话丞相赵高将眼前的鹿误称为马。皇帝身边的人都沉默不语，一些谄媚赵高的人也说它是马，而那些诚实回答"是鹿"的人都被赵高秘密处罚了。之后赵高逼迫秦二世退位，决定让更得民心的秦二世兄长的儿子子婴即位。

就在此时他收到报告说，项羽擒获了秦将军王离，正在追击章邯，六国纷纷自立为王。赵高认为要突破这个困局，上策是更换皇帝。陈胜起义时，就有人宣称应当立秦始皇的长子扶苏，而不是秦二世。赵高或许认为，如果让子婴代替秦二世做秦帝国的统治者，就可以平息民众的反叛。赵高命令自己的女婿咸阳令阎乐率领一千多名士兵闯进望夷宫，逼迫秦二世自杀。他们宣布秦二世的罪名是诛杀百姓招致天下混乱，他们为了天下而诛杀了皇帝。秦二世被迫自杀身亡。赵高在杜县南面的宜春苑选了一块地作为秦二世的墓地，按黔首（百姓）礼葬了他。秦二世胡亥十二岁即位，十五岁就结束了短暂的生命。

胡亥的墓在西安市南郊外距离父亲秦始皇陵三十五千米的地方，这里至今仍残留着一个高仅五米，直径二十五米的小圆坟（图 8-5）。胡亥一直被人评价为昏庸无能的皇帝，实际上他只是过于年少。他不过是个在父亲秦始皇之后继承皇位的少年皇帝而已。胡亥曾对赵高说，废兄长扶苏而立弟弟是不义，因违抗父亲诏书的旨意而惧怕死亡是不孝。汉武帝时期的司马相如曾在宜春苑曲江泉池看到秦二世杂草丛生的荒冢，于是咏赋一篇，哀叹秦二世的灵魂没有皈依之处。唐代时此地位于长安城的东南角，称作曲江池，包括皇帝在内有很多人到这里游访。因为唐代宦官之弊严重，所以唐代人才断定赵高是刑余之人（宦官），是导致秦灭亡的罪魁祸首。仅从这点来说，或许他们也怀有对秦二世的同情。

秦王子婴

赵高从倒下的秦二世遗体上解下玺印后，曾想把它佩戴在自己身上。当时秦二世一直使用的是从秦始皇那儿继承来的皇帝玺印。如果赵高佩戴上它的话，皇帝赵高就诞生了。赵高内心一定非常想当皇帝。但即使群臣畏惧赵高的权势，却没有一个人支持赵高当皇帝。赵高无奈只得将玺印交给子婴。

《秦始皇本纪》记载子婴是秦二世兄长之子，但《李斯列传》又说他是秦始皇的弟弟——《史记》中有一些像这样矛盾的记载。前一种说法更为合理。赵高并没有直接把皇帝的玺印交给子婴。他把死去的秦二世从皇帝降为庶民，并打算在秦始皇宗庙前授予子婴秦王玺印，而不是皇帝玺印。秦始皇在秦王时代佩戴的是秦王玺印，成了皇帝后佩戴的则是皇帝玺印。赵高认为秦本来是王国，秦始皇君临天下以后称作皇帝，但是现在六国再度自立为王，所以秦还是恢复称"王"比较好。或许赵高只想让信赖自己的秦始皇作为皇帝名留青史。

但是有消息传到子婴的耳中，说赵高与沛公刘邦串通要灭掉秦国，赵高自己想做关中王，如果子婴出斋宫前往宗庙接受王玺的话，会在没有军事防备的宗庙被杀。子婴和他两个儿子策谋，在斋宫等赵高到来时反将其刺杀。此后，子婴即位仅四十六天就投降了沛公刘邦。他头上系着麻绳，牵着白马拉的未做任何装饰的车，表示投降的意思，他还手捧着皇帝的玺印和兵符迎接沛公刘邦。一个多月后，子婴和秦的公子们，以及嬴氏一族都被项羽所杀。子婴虽然没有做皇帝而只是做了秦王，却一直坚持佩戴皇帝玺印，他一定还自认为是第三代皇帝吧。由秦始皇搭建的皇位因赵高而崩塌，在此拱手让给了刘邦。虽然刘邦此时连汉王都不是，但在这一刻，也可以说秦子婴向刘邦举行了禅让。

结果，秦帝国始于秦始皇，到孙子子婴时便彻底终结，地下帝国之梦也于此时戛然而止。被项羽杀死的子婴葬在哪里呢？近年人们确认了传说的子婴墓在秦始皇陵的北面。2003年，考古学家对秦始皇陵园西北角向西约500米处的陪葬墓进行了发掘。六座墓中，五座是甲字形墓（一个墓道通向墓室），一座中字形墓（有两条墓道通向墓室）。中字形墓包括墓道在内南北长109米，墓室宽26米，深15.5米。袁仲一先生认为这个王墓级别的大墓墓主是秦王子婴的可能性很大。

子婴被葬一事在《史记》中没有记录，因为和子婴之死一起到来的是秦帝国的终结。但是，如果这个墓葬确实是子婴墓的话，那么到底是谁埋葬他的呢？秦最后的公子、王族都和子婴一起被项羽所杀。埋葬子婴的很可能是刘邦。刘邦在子婴投降时，制止了将军们要求杀死秦王子婴的呼声，让子婴活了下来。秦始皇陵园在秦帝国灭亡后一直延续到刘邦的时代。众所周知，刘邦还为秦始皇陵设置了守墓人。

结语 —— 秦都烈焰

公元前206年，进入关中的刘邦与项羽在鸿门之地会见。鸿门位于秦始皇陵正北，从秦的角度来说，这里离渭水和骊山很近，是控制秦都咸阳的咽喉。如果我们登上秦始皇陵丘顶，可以远远望见鸿门和渭水河面。设在秦始皇陵西北的都市丽邑也紧挨着鸿门。这里虽然有很多秦人，但当时可能已慑服于刘邦和项羽两人的军力。

项羽和刘邦都没有和秦始皇交战过。两人都曾经见过他，感慨他作为皇帝所拥有的至高权力，但他们争夺天下的对手却是秦二世。然而，当两人进入关中时，秦二世胡亥已经被赵高杀死，赵高立子婴为秦王后，赵高本人也被子婴所杀。

沛公刘邦的十万大军背靠秦都咸阳，驻扎在灞水边，上将军项羽的四十万军队驻扎在戏水西面的鸿门。此时两人还都没有封王。西楚霸王项羽和汉王刘邦的战争是在秦帝国崩溃后开始的。沛公是刘邦被沛县百姓推举为沛县县令时的称呼。现在一边是曾想成为秦始皇一般人物的刘邦，另一边是豪言要取代秦始皇的项羽，对他们来说，皇帝的位子就像在云端一样遥不可及。

在长眠于陵墓下的秦始皇面前，决定秦命运的时刻终于到来了。刘邦得到了秦始皇的玺符，但他没有破坏秦的社稷（土地神和谷物神，是国家的象征）。虽然刘邦手下的将军中有人提出要诛杀秦王子婴，但刘邦没有采纳，他听从樊哙和张良的建议，将咸阳的财物封存到仓库中。也就是说，谁将代替秦王做关中王的问题暂且搁置，等到他和项羽会见时再做决定。无论是沛公刘邦还是上将军项羽，此时渴望的都不是皇帝的位子，他们最初追求的就是在秦这块土地上做关中王。"复活"的楚怀王曾与属下将军约定，先入咸阳者为关中王。或许因为当时关东地区战国时六国已经复国，两人可能只剩下取代秦王做关中王的机会。

但是实力占优的项羽最终也没有做成关中王，他选择了回东方做西楚霸王的路。在项羽看来，秦始皇所构建的帝国只是虚构的幻象。相对出身秦最低层的官吏阶层的刘邦，项羽的行为更像一个秦帝国的局外人。项羽也没有让刘邦做关中王。他背弃了约定，将刘邦左迁到巴蜀和汉中，封为汉王。然后他将关中及其周围的秦故地一分为三，封秦的故将为王。在三王之中，章邯为雍王。项羽已经没有取代秦始皇的想法，他将秦本土的统治照旧交给了秦人。

随后，项羽杀了子婴，清除了继承秦始皇血脉的王。进而，他毫不留情地将咸阳宫殿付之一炬，并盗掘秦始皇陵。据说都城咸阳一片火海，大火烧了三个月才熄灭。

但是关于项羽盗掘秦始皇陵的事情，其实是后世在火烧咸阳三个月的故事基础上衍生出来的夸大之词，项羽并没有到地下宫殿去掘墓。传说汉代时，一个牧民找羊时误入陵墓中，火把的火在陵墓内连续烧了九十天都没有熄灭。此外，北魏时期甚至还传说，项羽派了三十万军队进行盗掘，花了三十天都没有将陪葬品运完。三个月、九十天、三十万之类，都不过是夸大秦宫殿和陵墓规模的虚构数字而已，但是火在地下燃烧较慢却并非没有科学道理。根据遥感调查的结果，骊山下的确残存着一个地下空间。

被巨大坟丘守护的秦始皇陵，两千年来一直深埋在骊山北麓。在这个被密封保护的地下空间，秦始皇的遗体很可能在经过了两千二百年之后,依然没有腐烂地保存下来。不断向上天寻求帝王权威的凡人赵正,虽然未能成为永生不老的仙人,只活了四十九年零八个月[a],但可以肯定的是,他至今仍久远地沉睡于地下。

---

[a] 译者按:按作者的说法,秦始皇生卒年按照公元前259年正月至公元前210年八月丙寅日(八月二十一日)计,如果按《史记》则是四十九年零七个月。

人物介绍

下面列举秦始皇之外的主要有关人物。这里将在多个章节中均出现的人物列入其首次出现的章节里,并将出现的章号附在条目后面。

第一章

昭王(前325—前251年,前307—前251年在位)也称昭襄王。母亲是楚人宣太后。他曾到燕国做质子,回国后十九岁即秦王位。即位之初,由母亲宣太后及其兄弟掌控秦国朝政。昭王在位长达五十七年,积极推进对东方的军事进攻。

安国君(孝文王)(前303—前251年,前251年在位三天)由于昭王的太子早死,安国君三十九岁时以次子身份被立为太子，在等待了昭王漫长的统治后，五十三岁时终于即位为秦王，谥号孝文王。[第一章]他即位后仅三日就死了，被埋葬在寿陵。[第二章]

华阳夫人（？—前230年）楚人，安国君的正室。由于没有子嗣，收夏姬之子子楚为养子。

子楚（庄襄王）（前281—前247年，前250—前247年在位）[a]安国君二十多个儿子中的中男。他做了华阳夫人的养子，从质留地邯郸回国，三十二岁即位为秦王。谥号庄襄王，也称庄王。

赵姬（？—前228年）秦始皇的母亲，赵国豪族之女。由于没有留下名字，所以被称为赵姬。由于她是秦始皇的母亲，又被称为母太后、帝太后。

夏姬（？—前240年）安国君夫人，子楚的母亲，秦始皇的祖母，后来被称为夏太后。

吕不韦（？—前235年）韩国或卫国人。他在战时体制下以韩、卫、赵为基地积累财富，成为大商人。他为了让子楚继承秦国王位，帮助子楚从秦军包围的邯郸城中逃出归国。[第一章]

吕不韦在庄襄王和秦王赵正统治时期担任相邦。他与战国四君子实力相当，豢养食客三千人，将全国食客的言论汇集著成《吕氏春秋》一书。他在洛阳有十万户的封

---

a 编者按：庄襄王即位于公元前250年，但依秦历，他在次年（公元前249年）才改元。

地，被封为文信侯。[第二章]

他在秦王赵正时任相邦，被称为仲父，辅佐十几岁的年轻秦王。[第三章]

白起（？—前257年）秦国出身的将军，武安君。昭王时攻打韩、魏、楚，在长平之战中取得最大战绩，但因秦国方面牺牲过多，他拒绝率兵攻打邯郸，最后被判死罪，自杀。

赵括（？—前260年）赵国名将马服君赵奢之子。他作为赵国的年轻将军，代替廉颇，与秦国白起率领的军队战于长平，失败，被射杀。

平原君赵胜（？—前251年）赵灵王之子，豢养食客数千人，为战国四君子之一。他在援军到达前率领决一死战的三千士兵坚守邯郸，依靠食客之力与楚成功合纵，等待楚国的大军。

信陵君魏无忌（？—前243年）魏昭王之子，豢养食客三千人，为战国四君子之一。由于他的姐姐是平原君夫人，所以他誓死解救邯郸，但魏王因害怕秦国而犹豫不决，于是他让魏王的妃子盗走调兵的虎符，杀死将军晋鄙，夺走军队，率领选拔出的八万军队营救邯郸。

春申君黄歇（？—前238年）楚人，但不是王族。豢养食客三千人，领地在吴，为战国四君子之一。他从考烈王为太子时就开始服侍其左右，后来任丞相辅佐考烈王二十五年。他促使赵、楚建立合纵关系，向邯郸派出援军。

第二章

郑国 水利技术者，作为韩国的间谍被派入秦国，修建了被称作"郑国渠"的灌溉水渠，提高了秦国的国力。

李斯（？—前207年）曾任楚国的地方官吏，跟随儒家荀子学习帝王之术，因期待自己能够得到秦昭王的赏识而入秦，做了吕不韦的舍人。后来被秦王赵正任命为客卿，受到宠遇。[第二章]

以廷尉身份参与帝号的讨论等，完善秦国法制。参加第二次巡行，琅邪台刻石上留下了"卿李斯"的名字。[第五章]

从廷尉升至丞相，提议焚书坑儒。任丞相时编纂了名叫《苍颉篇》的字书。字书是官吏识字、获得行政知识的教科书。[第六章]

以左丞相身份参加了最后一次巡行，想要对已亡的秦始皇尽忠，却被赵高胁迫，立胡亥为继承人。[第七章]

以丞相身份辅佐秦二世，被赵高控以谋反罪，处以腰斩的极刑。[第八章]

＊关于孝文王、庄襄王、吕不韦参见第一章。

第三章

嫪毐（？—前238年）吕不韦的舍人。他被伪装成宦官送入宫，和秦王赵正的母太后生有二子。后来被封为长信侯，领地在秦国外的山阳和太原，拥有奴婢数千人，舍人千余人，势力极大。

昌平君（？—前223年）没有留下名字。昌平君是楚人，做了秦国丞相，在嫪毐之乱中帮助了秦王。[第三章]

据说后来他回到楚国，做了楚王，抵抗秦。[第四章]

昌文君（？—前224年）楚人，和昌平君一起帮助了秦王。《编年记》记载，他在秦攻打楚国的那年死去。

第四章

荆轲（？—前227年）也被尊称为庆卿、荆卿，卫人。他结交各国有实力的人，秘密准备向秦报复。受燕太子丹的委托，谒见秦王，要挟秦王停止战争，失败被杀。

秦舞阳 燕良将秦开之孙。他以勇士之名担任荆轲的副使，但在谒见秦王时恐惧失态。

夏无且 秦王的御医，在暗杀秦王的现场救了秦王，得到黄金赏赐。

燕太子丹（？—前226年）在邯郸时和秦王赵正是青梅竹马的玩伴儿。赵正做秦王后，太子丹在秦做质子，遭到冷遇回到燕国，谋划报复秦王。

高渐离 弹奏乐器筑的名家。和荆轲交游密切。荆轲死后，他用灌铅的乐器筑投向秦始皇，企图刺杀他，失败被杀。

鞠武 燕太子丹的太傅。告诫太子丹要慎重对待与秦为敌这件事，将田光先生介绍给丹。

田光（？—前227年）燕国的知识分子，被称作田光先生。因自己年事已高，向燕太子介绍了荆轲。

樊於期（？—前227年）曾任秦国将军，因犯罪而逃亡，被燕太子丹藏匿起来。家族因连坐全部被杀，他为了实现向秦复仇，将自己的人头交给了荆轲。

王翦 出身秦国。他从年轻时就开始服侍秦王赵正，作为一名老将，领兵攻灭赵国，后来取代年轻的李信攻打楚国，并灭之。

王贲 王翦之子，秦国将军，通武侯。年轻时和同辈蒙恬、李信共同活跃在军事舞台上，负责攻打燕国。水攻魏国都城大梁，三个月后攻陷。统一后，在琅邪台刻石上留有名字。

蒙武 蒙骜之子，蒙恬、蒙毅之父。任秦将军，和同辈王翦共同开展军事行动，攻灭楚国。

蒙恬（？—前210年）蒙武之子。作为秦将军和同辈的年轻的王贲、李信将军一起开展军事行动，最后攻灭齐国，实现统一。[第四章]

统一后仍任将军与匈奴交战，修建万里长城。[第六章]

怀疑秦始皇死后发出的继位诏书是伪诏，拒绝接受所判的死罪，被关押到阳周的监狱。[第七章]

最后服毒自杀。坟墓和扶苏墓一样都在陕西省绥德县。他擅长法律和行政文书事务，民间传说蒙恬是毛笔的发明者。[第八章]

李信 秦国的青年将军。攻打过燕、楚、齐。在攻打楚国时遭到抵抗,失败,老将王翦接替他为帅。

项燕(?—前224年)楚国将军,项羽的祖父。传说他和昌平君一起抵抗秦军,被王翦所杀。

*关于昌平君,参见第三章。

第五章

王绾 任丞相,辅佐统一时的秦始皇,在度量衡器上铸刻的诏书版和琅邪台刻石上都留有他的名字。

冯劫(?—前208年)秦国将军。他曾任副丞相御史大夫,辅佐统一时期的秦始皇。[第五章]

是被秦白起将军杀死的韩国上党郡郡守冯亭的后代。冯氏一族历任秦的将军和丞相。岳麓秦简《奏谳书》中可以看到有人冒充冯将军毋择之子的欺诈案件,由此可知,琅邪台刻石上刻有名字的同族冯毋择也曾任将军。冯劫和右丞相冯去疾都因进谏秦二世而获罪,自杀。[第八章]

徐市 《史记·淮南列传》中写为徐福。齐人,方士。秦始皇第二次巡行时,他受到召见,告诉秦始皇海中三神山有仙人的传说,带领未婚男女数千人出海,以失败告终。

*关于李斯,参见第二章。

第六章

卢生 燕人,方士。他告诉秦始皇长生不老药的传说,还和侯生一起非议秦始皇的性格。后来又向秦始皇献上写有"亡秦者胡也"的预言书。

扶苏（？—前210年）秦始皇的长子。他因谏阻秦始皇坑杀追随孔子的学者，惹怒秦始皇，被发配到北边监督蒙恬。[第六章]

相信秦始皇死后发出的伪诏书，接受以不孝、不忠判处的死罪，不顾蒙恬的劝阻，自杀。坟墓现存于陕西省绥德县。[第七章]

＊关于蒙恬，参见第四章。

第七章

胡亥（秦二世）（前221[a]—前207年，前210—前207年在位）秦始皇幼子。他在秦始皇最后一次巡行时随行，在秦始皇死后被立为太子，十二岁即位为二世皇帝。[第七章]

即位后两年零八个月，被赵高逼迫自杀，以庶民身份被埋葬在宜春苑。[第八章]

赵高（？—前207年）赵高的赵姓表明他是战国时期赵国王族的远亲。秦始皇发现他的能力，让他做皇帝身边的宦者（不是被去势的宦官，而是服侍在皇帝身边的亲信）。任中车府令，管理秦始皇的车马、玺印，承担重任。他策谋让自己教育过的胡亥做了秦始皇的继承人。[第七章]

以郎中令身份主持李斯的审判，李斯死后任中丞相、

---

a 译者按：这是作者考证的出生年份，非史书记载。

安武侯，后逼迫秦二世自杀，随后被自己所立的子婴刺杀。[第八章]

冯去疾（？—前208年）在秦始皇离开都城期间，作为右丞相负责留守咸阳。秦二世时，和左丞相李斯一起供职，任右丞相。里耶秦简中也可以见到"右丞相去疾"的记录。

蒙毅（？—前210年）蒙恬的弟弟，大臣。曾判赵高死罪，但未获秦始皇批准，自此和赵高之间产生仇隙。[第七章]

被秦二世关押在代郡监狱中，被责难他对秦始皇不忠，处以死罪。[第八章]

* 关于徐巿，参见第五章；扶苏参见第六章。

第八章

子婴（前207年在位）秦二世胡亥兄之子。《李斯列传》中将秦始皇的孙子误写为弟弟。他曾为解救蒙恬、蒙毅兄弟劝谏秦二世，但二世不听。秦二世死后，他被赵高立为秦王，在意识到赵高将不利于他后，反过来刺杀了赵高。后向刘邦投降，被项羽杀死。无谥号。

陈胜（？—前208年）字涉，作为中国历史上最早的农民起义——陈胜吴广起义的领袖而闻名。各地以此为契机爆发了反秦起义。

项羽（前232—前202年）名籍，他和叔父项梁一起响应陈胜吴广起义,举兵倒秦。他因祖父楚将军项燕被秦王军队所杀,心怀怨恨。

刘邦(前247—前195年)他响应陈胜吴广起义,在沛县举兵。秦灭亡后,从汉王做了皇帝。

章邯 从高级官僚掌管帝室财政的秦少府成长为将军。他一度有摧毁陈胜大军之势,但败给项羽军,投降。《赵正书》中说他杀死了赵高。

王离 战国秦出身。秦将军,武城侯。王翦、王贲、王离祖孙三代都是秦将军。王离在最早的琅邪台刻石上留有名字,最后在与陈胜军交战后,被项羽擒获投降。

* 关于冯劫,参见第五章;赵高、秦二世胡亥、蒙毅参见第七章。

参考史料·文献

◆ 出土史料

马王堆汉墓帛书《天文气象杂占》 1973年湖南省长沙市马王堆西汉3号墓出土的帛书（绢质书籍）中有《五星占》和《天文气象杂占》两种天文方面的书籍。前者记载有木星的运动，后者有彗星记录。

* 长沙马王堆汉墓简帛集成（壹）[M].北京：中华书局，2014.

睡虎地秦简 1975年湖北省云梦县睡虎地11号墓出土的1155枚秦代竹简。其中包含有关农耕生产、仓库、财政等法律条文、法律问答集和审判文书。其后龙岗秦简、王家台15号秦墓竹简、岳麓秦简中还出现了法律文书。

——《编年记》 秦南郡所辖县官吏（名为喜）的墓主人年表。年表始于秦昭王元年，止于秦始皇三十年，夹杂着家族记事。因它是秦始皇同时代的年表，所以非常珍贵。

——《日书》 和法律文书一起出土的占卜书，通过看日子的吉凶来决定人的行动。占卜的内容除了人一生中的出生、任官、成人、婚姻、旅行、疾病外，还有农耕、祭祀、移民、战争、梦等。秦始皇的行动应当也要受《日书》约束。此外，《日书》在放马滩1号秦墓竹简、岳山36号秦墓木牍、王家台15号秦墓竹简、周家台30号秦墓竹简、北京大学所藏秦简中也有发现。

——木牍 1975—1976年湖北省云梦县睡虎地4号墓出土了秦统一前的2枚木牍。它是从战争前线发往家乡的书信简。

——《为吏之道》 在51枚竹简上分5段连缀的官吏指导手册。

* 睡虎地秦墓竹简整理小组. 睡虎地秦墓竹简[M]. 北京：文物出版社，1977.

* 睡虎地秦墓竹简整理小组. 睡虎地秦墓竹简[M]. 北京：文物出版社，1990.

张家山汉简 1983年湖北省荆州区张家山247号西汉墓出土的1000余枚竹简。其中有西汉初期的法律文书，是第一次发现系统化的汉律。

——《奏谳书》 向上级官府请求再审的文书。在22件审判案例中，有4件是秦代的，分别是盗牛（秦始皇元年）、私通（秦始皇元年）、强盗伤害（秦始皇六年）、战场逃亡（秦始皇二十七年）案。

* 张家山247号汉墓竹简整理小组.张家山汉墓竹简[M].北京：文物出版社，2001.

岳山秦简 1986年湖北省江陵岳山岗36号秦墓出土的2枚木牍。内容为《日书》。

* 江陵县文物局，荆州地区博物馆.江陵岳山秦汉墓[J].考古学报，2000(4).

天水放马滩秦简 1986年甘肃省天水市放马滩1号秦墓出土461枚竹简，其中有《日书》和《志怪故事》（其内容是一个死者复活后，讲述死后的世界）。因为这是秦王赵正即位初期的文书，所以十分重要。它作为甘肃省出土的罕见的秦始皇时期文书，十分珍贵。

* 甘肃省文物考古研究所.天水放马滩[M].北京：中华书局，2009.

龙岗秦简 1989年湖北省云梦县龙岗6号秦墓出土了1枚木牍、293枚竹简、138枚残片。这些是秦统一后有关禁苑、驰道、马牛羊管理、土地租赁的法律文书。

* 刘信芳，梁柱.云梦龙岗秦简[M].北京：科学出版社，1997.

*中国文物研究所，湖北省文物考古研究所.龙岗秦简[M].北京：中华书局，2001.

扬家山秦简 1991年湖北省江陵县荆州镇扬家山135号秦墓出土了75枚竹简。内容为遣策（随葬品目录）。

*荆州地区博物馆.江陵扬家山135号秦墓发掘简报[J].文物，1993(8):1-11.

王家台秦简 1993年湖北省江陵县荆州镇王家台15号秦墓出土800余枚竹简。内容为秦律、日书、易占。

*荆州地区博物馆.江陵王家台15号秦墓[J].文物.1995(1):37-43.

周家台秦简 1993年湖北省沙市周家台30号秦墓出土了381枚竹简、1枚木牍。内容包括占卜、历谱、医书、农书等。

——《历谱》 包括秦始皇三十四年、三十六年、三十七年、秦二世元年历谱即日历。秦始皇三十四年历谱记录了一年的干支和墓主为官吏时的出差情况。木牍记录了秦二世元年十二月朔日的干支和大、小月之别。

湖北省荆州市周梁玉桥遗址博物馆.关沮秦汉墓简牍[M].北京：中华书局，2001.

里耶秦简 2002年湖南省湘西土家族苗族自治州龙山县里耶古城古井中发现了36 000多枚秦始皇二十五年至秦二世二年时期的简牍。2005年在古城的壕沟里又发现了51

枚简牍。为洞庭郡迁陵县的公文书，包括人口、土地、税收、官吏、刑徒、道路、兵器管理等内容。

——8-461号简　里耶秦简中有1枚木牍，被称作"秦诏版、秦诏令牍"等，上面分条书写着统一时中央发出的诏书内容。本书中称作诏书版。

＊湖南省文物考古研究所.里耶秦简：壹[M].北京：文物出版社，2012.

＊陈伟.里耶秦简牍校释（第一卷）[M].湖北：武汉大学出版社，2012.

＊胡平生.里耶秦简8-455木方性质刍议[J].简帛（第4辑），2009.

＊渡边，英幸.里耶秦简「更名扁書」試釋——統一秦の国制変革と避諱規定[J].古代文化，2015(66).

岳麓秦简　2007年湖南大学岳麓书院从香港购买了2 176枚秦代竹简。也包括2008年香港收藏家捐赠的76枚竹简。内容有官吏出差日志、官吏手册、占梦书、算数书、向上级官府请求再审的文书、秦律令等。

——**《奏谳书》**　审判的具体案例，是了解统一前后地方社会实态的重要史料。案件涉及杀人、欺诈、盗窃、临阵脱逃、逃亡、伪造文书、通奸等多方面内容。

——**《为吏治官及黔首》**　共86枚，分4段连缀而成，是官吏治理官和民的手册。

——**《占梦书》**　共48枚竹简，记录了占梦理论和具体的占梦实例，被命名为《占梦书》。睡虎地秦简《日书》中也有题名为"梦"的内容，但此书的内容更为系统，因此十分珍贵。

——《质日》 岳麓秦简中的历谱写作质日，在秦始皇二十七年、三十四年、三十五年日历中记录了官吏的出差情况。

*朱汉民、陈松长.岳麓书院藏秦简[M].上海：上海辞书出版社，2010—2014.

*陈松长.岳麓书院藏秦简的整理与研究[M].上海：中西书局，2014.

*池田，雄一.《漢代を遡る奏——中国古代の裁判記録[M].汲古书院，2015.

北京大学藏西汉竹书（北大汉简） 2009年北京大学获赠3 346枚西汉武帝时期的竹简，称作北大汉简。内容除《老子》、《苍颉篇》（字书）、《赵正书》外，还有《日书》、《雨书》、《六博》（双六）等占卜书籍，《魂魄赋》《妄稽》等文学小说。

——《赵正书》 共50枚（最初说有51枚，后将两枚简缀合）竹简，约1 500字，记载了秦王赵正晚年的故事，由此我们可窥知与《史记·秦始皇本纪》完全不同的内容。它可能成书于汉武帝前期，比《史记》略早。竹简使用隶书字体，为标准的汉隶，右侧稍稍上扬，有波折，与西汉初期小篆式隶书不同。

* 北京大学出土文献研究所.北京大学藏西汉竹书墨迹选粹[M].北京：人民美术出版社，2012.

* 赵化成.北大藏西汉竹书《赵正书》简说[M].文物，2011(6)

* 藤田忠.北京大学蔵西漢竹書『趙正書』について[J].国士舘人文学（第2号），2012.

北京大学所藏秦简（北大秦简） 2010年北京大学获赠760余枚秦代竹简、21枚木简。内容十分丰富，包括秦始皇三十一年、三十三年质日（在历谱上记录官吏出差的日志）、算书、日书、医书、九九表、田书、道里书（水陆交通路线）、祠祝之道、善女子之方等。

——《从正（政）之经》共46枚简，分4段连缀而成，为官吏手册。

* 北京大学出土文献研究所.北京大学藏秦简概述[J].文物，2012(6).

* 李零.北大秦牍《泰原有死者》简介[J].文物，2012(6).

* 朱凤瀚.北大藏秦简《从政之经》述要[J].文物，2012(6).

益阳秦简 2013年湖南省益阳市古井中发现的战国、秦汉、三国时期木牍、竹简约5 000枚。

* 国家文物局.湖南益阳兔子山遗址2013年发掘收获[M]//2013年中国重要考古发现.北京：文物出版社，2014.

◆参考文献

第一章

石金鸣，宋建忠.长平之战遗址永录1号尸骨坑发掘简报[J].文物，1996(6):33-40.

工藤，元男.睡虎地秦簡よりみた秦代の國家と社會[M].創文社，1998.

工藤，元男.占いと中国古代の社会：発掘された古文献が語る[M].東方書店，2011.

第二章

藤田，勝久.史記戦国列伝の研究[M].汲古書院，2011.

藤田，勝久.史記秦漢史の研究[M].汲古書院，2015.

平勢隆郎.新編史記東周年表[M].東京大學東洋文化研究所，1995.

第三章

西嶋，定生.嫪毐の乱について[M]//中国古代国家と東アジア世界.東京大学出版会，1983.

第四章

鶴間，和幸.秦始皇帝諸伝説の成立と史実——泗水周鼎引き上げ失敗伝説と荊軻秦王暗殺未遂伝説[M]//秦帝國の形成と地域.汲古書院,2013.

第五章

栗原朋信.秦漢史の研究[M].吉川弘文館,1960.

栗原,朋信.秦と漢初の「皇帝」号について,上代日本対外関係の研究[M].吉川弘文館,1960.

西嶋,定生.皇帝支配の成立,中国古代国家と東アジア世界[M].東京大学出版会,1983.

浅野,裕一.黄老道の成立と展開[J].1992.

平勢,隆郎.史記の「正統」.講談社学術文庫,2007.

王睿.八主祭祀研究[D].北京:北京大学,2011.

鶴間,和幸.秦帝国の形成と東方世界——始皇帝の東方巡狩経路の調査をふまえて[M]//秦帝國の形成と地域.汲古書院,2013.

鶴間,和幸.秦始皇帝の東方巡狩刻石に見る虚構性[M]//秦帝國の形成と地域.汲古書院,2013.

中国国家博物馆.连云港孔望山[M].北京:文物出版社,2010.

鶴間,和幸.秦都咸阳与秦始皇陵[M]//陕西师范大学西北历史环境与经济社会发展研究院.史念海先生百年诞辰纪念学术论文集.陕西:陕西师范大学出版社,2012.

第六章

藤田，勝久.霊渠と相思埭——桂林地区の水利遺跡[J].「社会科」学研究，1987(13).

湯浅，邦弘.竹簡学 中国古代思想の探究[M].大阪大学出版会，2014.

鶴間，和幸.秦始皇帝の中華帝国への夢[M]//NHK「中国文明の謎」取材班.中夏文明の誕生：持続する中国の源を探る.講談社，2012.

鶴间，和幸.秦始皇帝与孔子——关于焚书坑儒的反省[M]//.史林挥尘：祈念方诗铭先生学术论文集.上海：上海古籍出版社，2015.

鶴間，和幸.秦長城建設とその歷史的背景[M]//秦帝國の形成と地域.汲古書院，2013.

第七章

李开元.复活的历史：秦帝国的崩溃[M].中华书局，2007.

小沢，賢二.伝世本『左伝』の天文暦法データ再検証から見た浙江大『左伝』の有用性[M]//浅野裕一，小沢賢二.浙江大『左伝』真偽考.汲古書院，2013.

森，和.秦人の夢——岳麓書院蔵秦簡『占夢書』初探[J].日本秦漢史研究，2013(13).

第八章

籾山，明．中国古代訴訟制度の研究 [M]．京都大学学術出版会，2006.

宮崎，市定．史記李斯列伝を読む [M]// 宮崎市定全集．岩波書店，1991.

藤田，勝久．項羽と劉邦の時代：秦漢帝国興亡史 (講談社選書メチエ)[M]．講談社，2006.

鶴間，和幸．始皇帝陵と兵馬俑 [M]．講談社，2004.

鶴間，和幸，惠多谷，雅弘．宇宙と地下からのメッセージ：秦始皇帝陵とその自然環境 [M]. D-CODE，2013.

惠多谷雅弘，鶴間和幸．衛星データを用いた秦始皇帝陵の陵園空間に関する一考察 [J]．中国考古学，2014(14).

段清波．秦始皇帝陵园考古研究 [M]．北京：北京大学出版社，2011.

秦始皇相关年表

本年表以传统史料司马迁《史记》的记载为基础，辅之以近年出土新资料所发现的新内容。《史记》与其他史料记载相矛盾的内容，根据新发现史实进行的补充，以及无法确定具体时间的事件，在〈 〉中表示。秦历以冬季开始的十月为岁首，新王即位后要等到下一年年初（十月）开始采用新的年号，称元年、二年……由于公历为太阳历，以正月（一月）为岁首，所以秦历的年初包含在公历（格里高利历）的前一年中。本年表的月份计法与《史记》使用的历法相同。

昭王四十二年（公元前265年）

秦国的安国君被父亲昭王立为太子。秦国占领赵国三座城池。

〈这期间商人吕不韦在赵国都城邯郸遇到秦国的质子子楚。〉

昭王四十六年（公元前261年）
赵国廉颇将军在长平迎击秦军。
〈这期间吕不韦入秦，就子楚做安国君继承人一事达成协议。〉

昭王四十七年（公元前260年）
秦军攻打长平的赵军军营。〈秦赵之间展开了惨烈的长平之战。〉

〈根据《吕不韦列传》的记载，赵姬"大期"（十二个月）生赵正，把赵正出生日期向前回溯十二个月，赵姬就是在这年正月怀上吕不韦孩子的，但这一点令人怀疑。〉

子楚在吕不韦的宅邸与赵姬相遇。〈根据《秦始皇本纪》的记载，从赵正出生向前回溯十个月，那么赵姬是在三月怀上子楚孩子的。〉

九月，秦国白起将军将赵国四十多万士兵以欺骗的手段坑杀于长平。

昭王四十八年（公元前259年）[赵正一岁]（当时计算年龄是把出生当年算在内，故为一岁。）

正月，停战。赵正在赵国都城邯郸出生。

秦军攻击武安，逼近邯郸。

昭王四十九年（公元前258年）[赵正二岁]

十月，秦国五大夫王陵首次攻打邯郸。

正月，秦国向王陵军增兵，攻打邯郸，但未能攻陷。秦国王龁将军取代王陵继续作战（《史记·白起王翦列传》）。

昭王五十年（公元前257年）[赵正三岁]

十月，秦国武安君白起有罪被处以流刑。〈白起在长平之战后反对攻打邯郸，没有参加邯郸之战。〉

王龁包围邯郸。赵国平原君亲自迎战，魏国信陵君和楚国春申君率军增援，秦军仍未能攻陷邯郸。〈这期间吕不韦和战国三君子都在邯郸。〉

子楚通过吕不韦的活动从战乱之中的邯郸逃脱，跑到秦军阵营，之后回国。〈赵正和母亲都留在邯郸，赵王想杀了他们，母亲家的人把他们藏匿起来，逃过一劫。〉

十二月，白起再次触罪，被处死。临终时回想起长平之战。

昭王五十一年（公元前256年）[赵正四岁]

〈秦军转攻邯郸南面的新中，但遭受到韩、魏、楚援军的攻击，被迫撤退。〉

昭王五十二年（公元前255年）[赵正五岁]

秦降伏西周君（此时周已分裂为东、西周），得到了周的九鼎。〈灭周，实现以秦代周的革命。〉

昭王五十六年（公元前251年）[赵正九岁]

秋（七—九月），昭王死（《秦本纪》）。〈根据《编年记》，确定此事发生在闰月的后九月。〉

孝文王元年（公元前250年）[赵正十岁]

十月己亥，孝文王即位（《秦本纪》）。〈根据《编年记》，修订为年末后九月二十八日。〉

十月辛丑，孝文王死（《秦本纪》）。〈根据《编年记》，修订为年末后九月三十日。〉

〈赵正与子楚的夫人赵姬在这期间回国。〉

庄襄王即位（《秦本纪》）。〈根据《编年记》，庄襄王确实是在这年十月改元的。庄襄王虽在这一年即位，但为了尊亡父而称孝文王元年。〉

孝文王大赦罪人，优待先王（昭王）功臣，厚待王族。〈《秦本纪》记载这是孝文王采取的措施，但当时孝文王已不在人世，应当是照抄了有关庄襄王的记载。〉

庄襄王元年（公元前249年）[赵正十一岁]

吕不韦任秦国相邦（丞相）。

秦国降伏东周君。设置太原郡。

庄襄王大赦罪人，厚待先王（孝文王）功臣。〈《秦本纪》的记载和上一年即孝文王元年的记载几乎一样。〉

庄襄王二年（公元前248年）[赵正十二岁]

秦国将军蒙骜攻克赵国的榆次等三十七城。〈《秦本纪》记载为庄襄王三年。〉

庄襄王三年（公元前247年）[赵正十三岁]

五月丙午（二十六日），庄襄王死，赵正即位秦王。〈《秦本纪》记载为庄襄王四年，但《编年记》所载庄襄王三年才是正确的。〉

秦始皇元年（公元前246年）[赵正十四岁]

开始营建郦山陵（秦始皇陵）。

韩国人郑国入秦，开始修建水渠（郑国渠）。

〈考古人员发现了刻有三、四、五、七、八年等秦王赵正年号的相邦吕不韦监制的青铜武器。〉

〈张家山汉简《奏谳书》记载了一个案例，这一年因犯盗牛罪被判刑服役的人请求再审，被批准。中央廷尉审理判明是县误审，冤罪得以昭雪。此外还有一个案例，一个女子在为亡夫守丧时，在棺材前与其他男性发生性关系，针对这女子的行为是否构成对其婆婆的不孝罪进行审议，

在中央廷尉内部展开了大讨论，最终判决不构成不孝罪。〉

秦始皇四年（公元前243年）[赵正十七岁]
燕国太子丹作为秦国的质子，滞留在咸阳。

秦始皇五年（公元前242年）[赵正十八岁]
秦国在卫国的濮阳设置东郡。〈卫人荆轲失去了故乡。〉

秦始皇六年（公元前241年）[赵正十九岁]
将卫国的君主从濮阳流放到野王。〈可能荆轲也是在这期间离开了卫国。〉
〈张家山汉简《奏谳书》记载，这一年在都城咸阳发生了一起强盗伤人的疑难案件，狱吏根据现场遗留的凶器，以及盘问出入市场的人，出色地破了这个案子。〉

秦始皇七年（公元前240年）[赵正二十岁]
彗星从东方出现，又出现在北方，五月出现在西方。
将军蒙骜死。彗星再次出现在西方，滞留十六天。夏太后死。

秦始皇八年（公元前239年）[赵正二十一岁]
秦王的弟弟长安君成蟜在攻打赵国的途中发动叛乱，和军吏一起被杀。

河水（黄河）中的鱼逆流而游。

在此前后，郑国是间谍一事被发觉，秦王想要杀了郑国，郑国对秦王诉说修渠之利，才得以获救（《河渠书》）。〈《李斯列传》记载，郑国间谍事件引发了秦国国内排斥别国人的风潮，也因此才有了后来李斯反对逐客令的上书。〉

〈放马滩一号秦墓竹简记载有八年八月己巳（没有相应的干支）的故事。十年前被埋葬的一名男子，在十年后复活了，这个怪诞的故事被命名为《志怪故事》。〉

嫪毐被封为长信侯，在秦国外的东方（山阳和太原）拥有广阔的封地。

秦始皇九年（公元前238年）[赵正二十二岁]

楚国春申君黄歇（他可能是楚幽王的父亲，任楚国令尹，即丞相）被赵国人李园所杀。

（可能是在十月至十二月的冬季）彗星出现，尾巴长长地划过整个天空。

秦王得到密告，说嫪毐密谋攻打雍城附近的蕲年宫，并且得到了证据。嫪毐之乱爆发。〈无论是嫪毐还是吕不韦都与关东外国人的内乱事件有关。〉

秦王命令相邦昌平君和昌文君等先发制人，攻打嫪毐，战于咸阳。

嫪毐逃走，秦王悬赏捉拿。

嫪毐及其一党被逮捕判刑，嫪毐的舍人四千余家均被流放到蜀地。

四月，秦王留宿雍城，己酉日（二十一日）加冠，佩剑。〈还有一种说法，嫪毐是在这期间袭击秦王的。(《吕不韦列传》论赞)〉

四月因天气寒冷，有冻死者。

彗星出现在西方，又出现在北方。从斗宿向南移动了八十天。

九月，嫪毐一族被杀，母太后的两个儿子也被杀，太后被幽闭在雍城中。

秦始皇十年（公元前237年）[赵正二十三岁]

十月，相邦吕不韦受嫪毐之乱的牵连被罢免，母太后回到咸阳。

这年，颁布了逐客令（排斥别国人的法令），但由于李斯上书反对而取消。

〈根据《秦始皇本纪》的记载，逐客令不是因郑国而是因嫪毐之乱才颁布的。〉

秦始皇十二年（公元前235年）[赵正二十五岁]

秦王担心吕不韦重新掌握权力，命其迁往蜀地，吕不韦服毒自杀。吕不韦被秘密埋葬，参加葬礼的人都受到处罚。

秋，流放到蜀的嫪毐的舍人被释放。

秦始皇十三年（公元前234年）[赵正二十六岁]
秦王巡行河南。正月出现了彗星。

秦始皇十四年（公元前233年）[赵正二十七岁]
韩非访秦，被逼自杀。

秦始皇十五年（公元前232年）[赵正二十八岁]
秦国采取大规模军事行动，占领了太原郡的狼孟等城池。〈这期间荆轲可能去了被秦占领的太原郡榆次县。〉

〈北大秦简中有一枚命名为"泰原有死者"的木牍，上面记载了如下故事：泰原即太原死的一个人，三年后复活了，他被送到都城咸阳，讲述了死者的世界。其死亡的背景或许就是秦攻打太原的战争。〉

燕太子丹回国。〈兵马俑坑中出土了刻有秦王赵正十五、十六、十七、十八、十九年年号铭文的青铜兵器。〉

秦始皇十六年（公元前231年）[赵正二十九岁]
秦国令男子自己申报年龄。设置丽邑。

秦始皇十七年（公元前230年）[赵正三十岁]
秦国内史腾俘虏韩王安（韩灭亡）。华阳太后死。

秦始皇十八年（公元前229年）[赵正三十一岁]

秦展开大规模军事行动，攻打赵国。

〈岳麓秦简《奏谳书》记载，继承亡夫财产的女子，想让儿子继承财产，对此产生争议。女子本来是妾（婢），前妻去世后，她脱离了妾的身份，成为正妻，但还没有在户籍上登记。但是亡夫生前曾向族人和里中人宣布了这个消息。虽然秦奉行户籍主义，但是在南方楚地，得到"里"这一共同体的承认更为重要。〉

秦始皇十九年（公元前228年）[赵正三十二岁]

秦国王翦将军俘虏赵王迁，邯郸向秦投降。《《燕世家》《田敬仲完世家》记载说赵国灭亡。〉

迁的嫡兄公子嘉在代称王。〈《六国年表》和《赵世家》论赞中记载，赵国依然存续。〉

秦王前往邯郸，把和秦王母亲家有仇的人全部活埋。

秦王经由太原郡回到都城。母太后死。〈这期间荆轲可能去了赵国邯郸。〉

南郡进行警戒。（睡虎地秦简《编年记》）〈这期间荆轲可能进入了燕国。〉

秦始皇二十年（公元前227年）[赵正三十三岁]

荆轲从燕国出发，燕太子等人在易水为他送行。〈可能是在冬天。〉

荆轲到达咸阳，发生暗杀秦王未遂事件。〈可能在正月。〉

四月丁亥（二日），秦向南郡下达警戒令。（睡虎地秦简《语书》）〈可能是事件发生后所采取的措施。〉

〈岳麓秦简《奏谳书》记载，一个魏人投降，被贬为奴隶，他入秦后杀人。官员根据现场遗留物品进行讯问调查，最后终于抓到真凶。〉

秦始皇二十一年（公元前226年）[赵正三十四岁]

秦国王翦将军攻打燕国都城，斩获太子丹首级。（《秦始皇本纪》）〈《燕世家》记载，燕王逃到辽东，斩儿子太子丹的首级献给秦国。〉

韩王死。（《编年记》）昌平君回到楚国。〈可能和秦王发生了不快的事情。〉

秦始皇二十二年（公元前225年）[赵正三十五岁]

秦国王贲将军水攻大梁城三个月，俘虏了魏王假（魏灭亡）。

〈岳麓秦简《奏谳书》记载，十二月攻打楚国时逮捕了逃亡的秦人。犯人证言说，十年前他十二岁时，和母亲逃亡到楚地。秦始皇十二年恰是流放到蜀地的嫪毐舍人被释放的时候。〉

秦始皇二十三年（公元前224年）[赵正三十六岁]

秦国王翦和蒙武将军杀死楚国将军项燕。（《六国年表》

《楚世家》《蒙恬列传》）

四月,昌文君死。(《编年记》)

秦王亲自前往楚国的陈地。

〈《秦始皇本纪》记载,这一年俘虏楚王负刍后,项燕立昌平君为楚王,在淮南反叛。〉

秦始皇二十四年(公元前223年)[赵正三十七岁]

〈睡虎地四号秦墓出土的木牍记载,二月辛巳(十九日)一封从战场发往家乡的书信说,秦军正在攻打楚国的淮阳城,由此可知那时楚国尚未灭亡。〉

秦国王翦和蒙武将军俘获楚王负刍(楚灭亡)。

〈《秦始皇本纪》记载,做了楚王的昌平君死,项燕自杀。〉

秦始皇二十五年(公元前222)[赵正三十八岁]

秦国王贲将军俘获燕王喜(燕灭亡)。

秦国王贲将军俘获代王嘉(赵灭亡)。

允许天下举行宴会(庆贺除齐国以外的五国灭亡)。

〈里耶秦简中,这年三月出现了丞相启、王绾和典客李斯的名字。典客是迎接关东诸侯的使节。据岳麓秦简《奏谳书》记载,这年在南郡发生了秦人和楚人合谋杀人案。〉

秦始皇二十六年(公元前221年)[赵正三十九岁]

① 秦国将军王贲俘虏齐王建,东方六国中最后一个国

家齐国灭亡。

② 秦王命丞相王绾、御史大夫冯劫、廷尉李斯等讨论取代王的称号，他们提议称泰皇，秦王按照自己的意志采用皇帝号。〈不完全采纳大臣、博士的意见，正是赵正的风格。〉

③ 为了配合皇帝号，秦王称亡父庄襄王为"太上皇"（追尊庄襄王）。〈秦始皇表现出对父亲行孝的姿态。出土的诏书版木牍中也记载称庄王为泰上皇。大臣们提议的泰皇称号虽然被秦始皇否决，但却用在了父亲的尊号上。〉

④ 秦王废除死后起谥号的制度，预先决定采用始皇、二世、三世等称号（废除谥号）。

〈他做皇帝的同时，也考虑到死后的事，力图避免儿子评价父亲、大臣评价君主的情况。〉

⑤ 齐人上奏战国邹衍所著终始五德书，从而确定秦是五德中克火德周的水德王朝。为了与水德对应的季节冬季相合，以十月为岁首；朝廷的礼服、旗帜的颜色采用水德的黑色；冠、车幅、马也采用水德的数字六（六寸、六尺、六马）；将河水（黄河）改名为德水（水德政治）。〈五德说中，天数为一、三、五、七、九的奇数，地数为二、四、六、八、十的偶数，五德中木与三、八，火与二、七，土与五、十，金与四、九，水与一、六数字相配。这样拘于数字不是单纯为了数字相合，而有用数字解读宇宙的意图，而让人产生五德学说接近现代科学的感觉。秦将流经秦国和东方六国的最为重要的大河改为德水，应当也是要用五

德之德来表现河水永不停息注入大海的自然大循环。〉

⑥ 在采取封建制还是郡县制的讨论中,秦始皇听从廷尉李斯的提议,在全国范围内推行了郡县制。设置三十六郡,中央任命派遣郡的守(长官)、尉(军官)、监(监察官)。〈秦从战国时期就已开始在占领地区设置郡,其下设县进行统治。可以说此次是将郡县制全国化。三十六是水德数字六的平方。具体的郡名在汉代已经不清楚了,两千多年来有关这一问题的讨论众说纷纭。随着里耶秦简的发现,两千年后首次知道了三十六郡中有洞庭郡。〉

⑦ 秦始皇将正式的国民改称为黔首,令天下举行大酺的宴会。〈百姓感受到皇帝亲民的姿态。黔是黑色,首是头的意思,庶民由于露出黑发而被称为黔首。龙岗秦简、岳麓秦简、张家山汉简、里耶秦简中都可以看到黔首一词。〉

⑧ 秦收缴旧六国的兵器到首都咸阳,熔化后制成编钟的底座和支撑它们的十二个金人,放在宫中。(解除武装和十二个金人。)〈武器材料分铁和铜两种,而铜、锡、铅合金的青铜武器内部不会腐蚀,除去表面的锈斑就可以保持锋利,比铁有更多的优点。编钟是把不同音阶的钟连续悬吊成一排。据说金人一个重1 000石(秦代一石约为今天的60市斤)。十二与中国的绝对音阶十二律相合。基本音是最长的九寸音律管黄钟,之后交互减三分之一、加三分之一来确定十二律。秦将比黄钟低半音的八寸大吕作为王朝的音律。秦始皇可能是在宫中演奏秦音律的音乐来庆祝统一

的。象征着秦征服六国的十二个金人，在东汉时被误以为是征服西方夷狄的象征。东汉人把它说成是为了纪念在长城最西端的起点临洮出现的穿着夷狄衣服的长人，这种说法与秦始皇二十六年的时间点不合。〉

⑨ 统一度量衡的规格、车轮的幅宽、文书的格式。

⑩ 秦国领土东面直到朝鲜和大海，西面到临洮和羌中，南面到北户（向北开设窗户的地方），北面沿河（黄河）修筑边塞（长城），从阴山绵延到辽东。（确定国境。）〈长城只是修复残留下来的战国时期的北部长城，并没有修建统一长城。南面的国界尚未确定，史书只能含糊其辞。〉

⑪ 秦将全国十二万户富豪迁至咸阳。（移民咸阳。）〈十二是从水德数字六的两倍数、木星绕太阳的周期为十二年、一年为十二个月等自然现象中产生出来的数字。〉

⑫ 秦始皇在渭水南岸扩建咸阳城，兴建了历代秦王的灵庙、宫殿、上林苑（汇集了全国动植物的御苑）等。（扩建咸阳城。）〈此后一段时间里，扩建咸阳城工作一直在进行。〉

⑬ 秦始皇下令拆除六国诸侯的宫殿，在咸阳宫周围进行重建，将掠夺来的六国后宫女官和乐器钟、太鼓等塞满秦的宫殿。（重建东方六国宫殿。）〈这一时期同时实施了两项政策，一是毁掉六国首都的城郭，二是拆除内地的旧六国长城。〉

〈里耶秦简记载了统一这一年洞庭郡迁陵县发生的事件。三月制作征兵的士兵名籍，五月调整乡里的户数，六月调查

越人的反叛事件，八月调查借用县公船未归还的案件。〉

秦始皇二十七年（公元前220年）[赵正四十岁]

秦始皇首次到位于秦西部的故乡所在地进行巡行。（第一次巡行。）〈到秦历代诸侯的陵墓和庙前报告天下实现统一。看到这次行程就会发现，秦始皇是在效仿五帝的始祖黄帝的巡行。据说黄帝登上琅邪的丸山，前往泰山，又在其西方登上空桐山、鸡头山。〉

秦人把建在渭水南面的信宫建筑称为极庙，"极"是天上北极星在地上的投影。从这个极庙到郦山（秦始皇陵）之间有道路相连。〈秦始皇死后，极庙就会变成秦始皇的寝庙，所以人们将埋葬他遗体的陵和摆放牌位的庙连接起来。〉

秦始皇下令在渭水南重新建造甘泉前殿，为了不让人看到，宫殿里修建了带有侧壁的甬道，将前殿与渭水北面的咸阳宫相连接。〈秦始皇就可以避免暴露在人前，秘密来往于渭水南北岸之间。通过这些建设，秦始皇将以北极星为中心的天象投射到地上的都城和陵墓建设上，将咸阳城置于天下的中心。〉

赐民爵一级。〈纪念天下统一和皇帝即位。竹简资料中可看到从无爵位的士伍到一级的公士、二级的上造、三级的走马、四级的不更、五级的大夫等身份。民爵可以一级一级提高，经过六级的官大夫、七级的公大夫，一直到八级的公乘，因此，实际上百姓可以有多次受爵机会。〉

全国修建以都城咸阳为中心的驰道（"一级国有道路网"）。〈从咸阳呈放射状向东方扩展。为第二年开始的东方巡行做准备，进行道路建设。〉

〈张家山汉简《奏谳书》记载，这年南方苍梧县发生反叛，所以秦始皇想征发刚刚臣属于秦的民众前往苍梧镇压叛乱，这期间发生了民众逃亡事件。〉

〈里耶秦简记载，二月中央和周边的郡征调了洞庭郡下属军队。〉

秦始皇二十八年（公元前219年）[赵正四十一岁]

秦始皇出发，首次去东方巡行。（第二次巡行。）登峄山和泰山，立石，表彰秦的功德（峄山刻石、泰山刻石）。

在泰山，秦始皇和鲁地的儒生们讨论封禅和祭祀山川的顺序。他在登泰山途中遭遇暴风雨，在一棵大树的树荫下避雨，于是赐予这棵树五大夫的爵位。〈传说这棵树叫五大夫松。五大夫是二十等爵中的第九级，五大夫爵以上不是庶民而是高官的爵位。〉

秦始皇在泰山祭天，在泰山东南的梁父山祭地（封禅）。〈泰山是历代诸侯都仰慕的山岳，梁父山是祭祀齐八神之一地主的场所。〉

他向东前往渤海沿岸，经过黄县、腄县，到达胶东半岛最东端的成山，返程时登上之罘山，立石表彰秦的功德。（之罘刻石）

之后他向南巡行，登琅邪台。秦始皇非常高兴，在此逗留了三个月。他将黔首三万户迁徙到琅邪台脚下，免其十二年田租。建造琅邪台宫殿，立石表彰秦的功德。（琅邪台刻石）

〈此次巡行王贲、王离父子，冯毋择将军，隗状、王绾两位丞相和廷尉李斯等文武官员随行，他们在琅邪台的海边回顾了秦始皇迄今所走过的路程。〉

齐人方士徐市等上书，说海中有蓬莱、方丈、瀛洲三神山，有仙人住在那里。他主动请求斋戒后带领童男童女前去寻找，于是秦始皇派徐市带领数千名未婚男女入海寻求仙人。〈三神山可能是在渤海。山东半岛的蓬莱在初夏和初秋时节经常会出现海市蜃楼景象。海水的低温与大气的暖气流形成的温差使太阳光线发生弯曲，折射出海峡岛屿的样子。《史记·封禅书》记载，三神山远看像在云中一般，靠近之后却又沉于水中。〉

秦始皇路过彭城时，斋戒后祭祀泗水，希望打捞上来传说中的周鼎，于是令一千人潜入水中打捞，结果没有找到。〈彭城在现在的江苏省徐州市，这个周鼎就是楚庄王向周定王询问鼎轻重的那个鼎，后来"问鼎"成了用以表达觊觎权力野心的词语。周鼎据说是夏禹搜集全国九州的铜铸造而成，所以它也被称作九鼎。还有一种说法，说周天子才能拥有九尊鼎。九鼎后来传到周所封殷微子启的宋国。秦始皇很可能也听到了鼎漂到宋国附近彭城的传说。〉

秦始皇向西南进发，渡过淮水，从衡山前往南郡。〈南郡长期作为秦占领统治楚的基地。《编年记》中有"廿八年，今过安陆"这一条，记录了当时秦始皇途经南郡安陆县之事。〉

他乘船横渡江水（长江），前往祭祀湘山祠。结果遇到大风，差一点没有渡过去。秦始皇向同行的博士询问湘君之神的来历，博士回答说是尧的女儿、舜的妻子。秦始皇大怒，令三千刑徒将湘山上的树木全部砍光，使湘山变成秃山。

〈秦始皇十分倾慕五帝中最后一位舜帝。据说，舜奉尧之命，每隔五年巡行一次四岳，祭祀山川，召集东方的君长，统一历法、音律和度量衡。舜南巡至苍梧期间去世，被埋葬在九疑山。秦始皇在这里一定想到了这些传说。〉

秦始皇从南郡经武关回到京师。

秦始皇二十九年（公元前 218 年）［赵正四十二岁］
秦始皇出发到东方之地巡行。（第三次巡行。）

他登上山东半岛的之罘山，在两块石头上刻上表彰自己的文字（之罘刻石、东观刻石）。〈之罘山现在已经和芝罘岛连成一片陆地，但当时可能还是很小的沙洲，只有在退潮时才可以渡过去。当时是祭祀齐八神之一阳气的圣地。〉

秦始皇前往琅邪台，返回上党郡然后回京。〈琅邪台是祭祀齐八神之一四季的圣地。〉

秦始皇三十年（公元前217年）[赵正四十三岁]

这一年，《秦始皇本纪》中记载"无事"，《六国年表》中也是空白。〈现实中不可能什么事也没有发生。甚至第二年里他也没有巡行，而在都城休息。〉

〈里耶秦简中有九月田官的报告。〉

秦始皇三十一年（公元前216年）[赵正四十四岁]

周代冬十二月的祭祀名"腊"改为殷代的"嘉平"，赐黔首（人民）每里（村落）六石米（精米谷子）、两头羊，用于祭祀。精米谷子（米）的价格大约每石（约30千克）1 600钱。〈赐给全国每里六石米的价值为9 600钱。〉

秦始皇夜里带四名武士到咸阳周围微服出行时，在兰池遇到盗贼袭击，武士杀死盗贼。秦始皇进行了为期二十天的大搜查。〈去兰池的目的不得而知。"微行"可能源于燕人方士卢生的建议，他曾说，君主不让臣下知道自己居住的场所，可以躲避恶鬼，成为与天地同在的长生不老仙人。据说兰池是引渭河之水修建而成，上面建有东方的神仙岛，设了一个石鲸。这或许是东方巡行的替代行为吧。〉

秦始皇三十二年（公元前215年）[赵正四十五岁]

秦始皇行至渤海湾的碣石，令方士卢生寻找叫羡门[a]和高誓的仙人。（第四次巡行。）

---

a 译者按：原文作"羡门高"，"高"当为衍字，故改。

秦始皇令人在碣石门上刻写文字（碣石刻石）。〈主流观点认为碣石指河北省秦皇岛市西边的碣石山，但随着横跨辽宁、河北省的渤海沿岸巨大离宫群的发现，今人确定它是在离宫群南面像渤海沿岸的门一样矗立的岩礁。据说，现在一年中只有春节大潮时人们才能看到碣石与陆地相连。〉

毁坏城郭，开通堤防。〈司马迁根据碣石刻石的内容把此事记载在这一年，其实，毁掉六国的都城和国境上的长城都是统一时采取的措施。〉

秦始皇派韩终、侯公、石生寻找仙人长生不老药。

秦始皇巡行北边，从上郡回京。〈这期间秦始皇首次巡行北部边境，原因是匈奴等游牧民族的势力越来越壮大。〉

燕人卢生从海上归来，献上记录鬼神之语的预言书《录图书》，上面写有"亡秦者胡也"这句话。

秦始皇派将军蒙恬率领三十万军队攻打北方胡人（匈奴），占领河南地（三面为黄河所包围的从陕西省北部到内蒙古的草原地带）。〈继六国战争之后，秦再次开始新的战争。〉

〈里耶秦简中有正月、四月的文书。〉

秦始皇三十三年（公元前214年）[赵正四十六岁]

征发逃亡的罪人、因贫困入赘为婿的人、商人等迁入陆梁地（湖南、广东两省境内山脉以南的地区，即岭南），秦始皇设置桂林、象、南海三郡，让罪人进行守卫。〈北方对匈奴战争再加上南方对百越战争，共有五十万士兵被送到战场，开始了大规模战争，秦突然进入南北同时开战的战时体制。长江以南的南方是高温潮湿的气候，让习惯于寒冷干燥气候的北方人难以忍受。迁居到南方的都是被流放的人。〉

西北追击匈奴，在沿黄河直到阴山山脉的地区设置了三十四（四十四）个县，在黄河岸边筑城为塞。蒙恬渡过黄河夺取黄河以北地区，修筑砦（军事防御设施），追击戎人。将罪人送往这些新设立的县。

〈在贺兰山山脉和黄河平行的地区建立的不是长城，而是并列设置县城，作为防卫基地。〉

〈里耶秦简中有秦始皇三十三年二、三、四月的文书。〉

秦始皇三十四年（公元前213年）[赵正四十七岁]

将审判不公正的官吏送到长城或南方的越地，让他们修建寨。〈战时体制下仅依靠罪人做劳动力是不够的，所以秦就征发了审判不公正的官吏。同时开始加强全国的治安。他们在阴山山脉和黄河平行的这部分地区修筑石垒的长城。它至今仍有部分残留下来。〉

秦始皇在咸阳宫大摆酒宴，博士七十人前来祝寿。仆射周青臣大肆褒颂驱逐蛮夷之举。博士齐人淳于越提议应当学习古代，分封子弟和功臣，作为王朝的支援。丞相李斯认为诸生以古非今、惑乱百姓，建议将诽谤今政的书籍一律烧掉（焚书）。

〈里耶秦简中有十、六、七、八月的文书。八月迁陵县确认有弩169件，可能与百越战争有关。岳麓秦简中有《质日》文书。〉

秦始皇三十五年（公元前212年）[赵正四十八岁]

从九原到云阳削山填谷，修建直道。〈黄土高原由于受到侵蚀，出现很多河谷，只能在为数不多的棱线上选择南北向的平坦地带，建设一条直线距离最短的到长城的道路。〉

由于咸阳人口增加，宫廷也显得狭小，于是秦始皇下令在渭水南面的上林苑修建朝宫，首先营建阿房宫。从阿房宫渡过渭水可到达咸阳宫，这一设计是阁道（大熊座）渡过天汉（银河）与营室（飞马座）相连的天象在地上的投影。〈当时渭水的流向比现在靠南。2012年在古渭河河道上发现了一组木质桥墩。这是一座横跨渭河的桥，它模仿的是横跨银河的天上阁道。〉

征发七十多万刑徒参加阿房宫和郦山（秦始皇陵）的建设。〈位于渭水南面的咸阳城和皇帝陵建设进入最后阶段，秦始皇急于完成工程。岳麓秦简《私质日》在历谱中记载了官吏到咸阳出差记录。四月乙亥（十七日）留宿在戏，丙子（十八日）宿咸阳，乙酉（二十七日）宿丽邑，丙戌（二十八日）再次留宿在戏。戏位于秦始皇陵东，丽邑是守护秦始皇陵的城市，刘邦在担任泗水亭长时曾担任押送刑徒到郦山的任务。记录《质日》的地方官吏可能也

是在这一年担任输送劳动力到阿房宫和郦山的工作。〉

函谷关以西的关中有宫殿三百座,关外有四百余座。〈这些宫殿和郡县治所不同,是在全国新建的离宫。它们是为秦始皇巡行时留宿而修建的行宫。离宫附近设有土地国有的禁苑,以确保离宫的自然资源。〉

在东海岸朐县的边境立石,作为秦的东门。〈在距离都城咸阳正东1 000公里外的江苏省连云港市海边修建了东门。在这里秦人可能观测到和咸阳一样的天象。秦始皇的目标是建立一个以咸阳为天下中心,东面与大海相连的壮大的中华帝国。〉

移民三万户到丽邑,五万户到云阳,免除十年赋税。〈秦始皇把百姓移民到守卫秦始皇陵的城市和直道起点所在的城市,目的就是守护陵墓和军事道路。〉

因侯生、卢生等批评秦始皇,秦始皇以惑乱黔首的罪名将在咸阳的书生四百六十余人全部坑杀。〈《史记》记载坑杀的对象是书生、术士,但到东汉时变成"阬儒",唐代还把此处称作"阬儒之处"。〉

〈里耶秦简中有四月的文书。〉

秦始皇三十六年(公元前211年)[赵正四十九岁]

荧惑(火星)靠近心宿。〈当时把火星靠近东方星宿心宿中的两个红色星看作不吉利的征兆。我们现在已经搞清楚这个天象发生在下一年。〉

据载，陨石落在东郡，变成石头。有人在石头上刻上"始皇帝死而地分"。秦始皇派御史前往调查是谁干的，但没有找到，秦始皇就将陨石坠落地区的居民全部抓起来杀了，并将陨石熔化掉。秦始皇心中不快，令博士作《仙真人诗》和行所游天下的歌，令乐人演奏。

根据记载，秋天时调查陨石刻字事件的使者从东方回京，晚上经过华阴县平舒道时，有人持玉璧拦住使者说，帮我把它赠给滈池君，并预言"今年祖龙死"。使者想问他缘由时，那人突然就不见了，只剩下玉璧。这块玉璧是秦始皇二十八年横渡长江时沉入江中的。〈滈池君是指位于周武王都城镐的一个水池的水神，它让人联想到武王讨伐殷暴君纣王一事，用这个由来已久的典故预言说秦始皇将被讨伐，这显然是穿凿附会。滈池位于咸阳阿房宫西南，这个传说或许意味着沉入长江的玉璧被江神拒绝了，还给了咸阳附近水池的水神。秦始皇第一次听到自己死亡的预言时一定备受冲击。"今年祖龙死"这一预言，后世有的文献（《文选》《搜神记》）把"今年"改写为秦始皇实际死亡的"明年"，但我们照原样认为是"今年"就行。〉

秦始皇进行占卜，卜辞说若进行巡行和移民就会吉利。于是移民三万户到北河和榆中，赐爵一级。〈北河、榆中位于统一后修建的阴山长城的南面，但实际上这些人应是为了北边防御才移民的。《史记》把它写成是受玉璧事件影响采取的政策。当时流传着皇帝为了打消不吉利的预言而采

取巡行和移民政策的说法。皇帝的行动也要看历书决定。〉

秦始皇三十七年（公元前210年）[赵正五十岁]

十月癸丑（三十日），秦始皇出发巡行。（第五次巡行。）左丞相李斯随行，右丞相冯去疾留守。因为幼子胡亥希望同行，秦始皇答应了。〈从首次南巡开始，计划东巡后，再北巡。这是与百越、匈奴交战后首次巡行。癸丑日出发应当是根据建除的占卜确定的。建除是按"建、除、盈、平、定、执、破、危、成、收、开、闭"十二日的循环来确定吉凶，从字义就可以看出"建、盈、平、定、成、收、闭"是吉日，"除、执、破、危、开"是忌日。如果确定冬至的十一月是建子，十二月是建丑，正月是建寅，那么十月就应该是建亥。也就是说，如果十月第一个亥日（一日）为建的话，那么丑日就是"盈"的良日。〉

十一月秦始皇行至云梦，遥祭葬于九疑山的虞舜。〈云梦泽自楚以来就是一块资源丰富的土地。秦从战国时期起就在此设置南郡一直进行统治。出土的秦封泥中也有左右"云梦丞"，由此可知秦代人是从这里向都城运送物资的。九疑山位于湖南省的南端，是九峰相连的山脉。从湖北省南端的云梦无法直接眺望到九疑山。〉

秦始皇乘船沿长江而下，遇到浮桥后从江边登陆，经过丹阳后前往钱唐，到达浙江后，由于波浪太大他无法渡过，向西逆流而上一百二十里，在河面较窄的地方渡过浙江。〈当时秦始皇一行可能像现在的钱塘江观潮一样,遭遇了海水倒灌。杭州湾是个开角很大的三角形,每年刚过农历中秋节的八月十七日,因涨潮的缘故,海水倒灌,掀起巨大波浪,一下子冲过来。很可能因为这年是闰年,年末九月后又多了一个闰月,所以大潮在中秋节之前就来到了浙江。〉

秦始皇登会稽山,祭大禹王,望南海,立石讴歌秦之德(会稽刻石)。〈他之所以祭祀夏禹,应当也是想祈求上古帝王力的帮助吧。会稽山麓有称作禹穴的禹王墓。会稽刻石中写到,丈夫如果做出公猪一样不符合伦理的行为,即使杀了他,妻子也无罪;妻子如果做出逃离夫家的不义行为,儿子就不能视她为母亲,它表明南方地区也在向北方学习夫妻伦理,实行严格的一夫一妻制。〉

秦始皇过吴,从江乘(长江河口的渡口)渡过长江。〈在秦代的长江河口,不仅没有上海,就连崇明岛这一位于长江河口的巨大沙洲都还没有出现。当时的河口在现在扬州附近。〉

他沿着海岸北上,到达琅邪台,在这里会见了方术徐市。徐市入海求神药,但几年过去了仍一无所获。他害怕受到谴责,就谎称受大鲛鱼所苦,希望秦始皇允许他带着弓箭重新去寻找。

秦始皇梦见与海神交战。他让博士占梦,博士说:"肉眼看不到水神,但是如果它周围出现了大鱼,就表明它出现了。除了这个恶神,善神就会到来了。"〈海神是以秦始皇的敌人面貌出现的。以海资源为生的人们也害怕海神,因而祭祀它。虽然这只是个梦,但由此可以发现秦始皇潜意识中对海的恐惧。〉

秦始皇想要亲自用连弩射杀大鱼,他从琅邪向北行至荣成山(成山),但一直没见到大鱼。在之罘出现了大鱼,他射杀了一条,向西边的海岸行进。

秦始皇在平原津病倒。〈平原津当时是黄河渡口。秦始皇可能是从海岸的黄河河口逆流而上,在此登陆的。〉

秦始皇写好给长子扶苏的遗诏,封印,交给中车府令赵高。

七月丙寅,秦始皇崩于沙丘平台。〈如正文详述的那样,日期应改为八月丙寅(二十一日)。〉

赵高和胡亥、李斯毁掉遗诏,制作了两份伪诏。一封宣布立胡亥为太子,另一封赐长子扶苏和蒙恬死罪。

巡行队伍从井陉出发,到达九原,此时正值暑热天气,辒辌车散发出秦始皇尸体的腐臭味,所以赵高等人命令将一石鲍鱼放入车中,以混淆尸臭味。〈他们将秦始皇的死讯隐瞒下来,按照预定方案向北行进,可能出发前赵高等人就已经计划好了。秦国曾为对付匈奴向北方移民,现在要确认移民的成果。他们应当是在这里公布了立胡亥为太子的伪诏。鲍鱼不是现在所说的海鲜鲍鱼,而是用盐腌制发酵而散发出强烈臭味的鱼,可长期保存。当时是酷暑时节,

可能已进入九月。〉

扶苏接到伪诏后在上郡自杀,蒙恬、蒙毅分别被关押在阳周和代。〈扶苏等三人尚不知道秦始皇已死。使节传达伪诏的时间没有记录下来,推测是装载秦始皇遗体的辒辌车路过上郡时。〉

赵高一行走直道到达咸阳。〈现在人们根据对直道的调查发掘,发现了几处行宫遗址。可能赵高等人因为隐瞒了秦始皇的死讯,所以特意做出不着急的样子,在行宫留宿后才回来。〉

为秦始皇发丧,太子胡亥即位为秦二世。

九月,秦始皇埋葬在郦山。〈这年九月之后还有闰九月,此处的九月应更正为闰九月。〉

秦二世元年(公元前209年)[胡亥十二岁]

十月戊寅(五日),秦二世大赦罪人。赵高任郎中令,被委以重任。

十月甲午(二十一日),秦二世向全国颁布奉行秦始皇遗诏的诏书,在此诏书中首次称始皇帝(益阳秦简)。

秦二世下诏,增加供奉秦始皇寝庙的牺牲和山川祭祀礼的供品。〈在秦始皇陵坟丘的西北有寝殿,西北部有祭祀(礼制)建筑群,正在进行钻探调查。〉

十一月,建造兔园。〈可能专门饲养皇帝狩猎用的兔子。〉

春,秦二世开始巡行全国,从辽东回到都城。丞相李

斯随行。〈秦始皇刻石上只写作"皇帝",而秦二世追刻的诏书中首次刻上了"始皇帝"的称号。〉

〈在周家台秦简二世元年历谱和里耶秦简中,均因避秦始皇的讳,把正月写作了端月。〉

秦二世杀死大臣蒙毅,蒙恬被迫服毒自杀,之后秦始皇的公子十二人在咸阳的市场被杀,十名公主(秦始皇的女儿)都在杜县被肢解处死(《李斯列传》)。《秦始皇本纪》记载,六名公子在杜县被杀。公子高自愿为秦始皇殉葬。〈秦二世公开处死了自己的兄弟姐妹。秦始皇的幼子秦二世此时十二岁,虽然本纪中写作二十一岁,但笔者采纳十二岁说。我们可以感觉得到,建议并指使秦二世铲除兄弟的是赵高。秦二世主张对亡父不仅应当尽孝,而且应该以臣的身份来侍奉。秦始皇的公子、公主被迫做出了选择。他们当中有的因过去的行为被判不臣的死罪,有的以殉死来成全孝和臣的节操。〉

四月,秦二世回到咸阳。由于秦始皇陵坟丘的填土工程已经完工,阿房宫工程又重新启动。秦二世从全国征发材士(有能力的士兵)五万人屯驻咸阳,让他们演练射狗、马、禽兽等。

七月,被征发到北边渔阳戍边的陈胜、吴广发动叛乱。他们打着秦公子扶苏和楚将军项燕的旗号,陈胜自立为楚王,建立张楚国。〈因向秦始皇进谏而被贬至北部边疆的秦公子扶苏也受到百姓的仰慕。〉

九月，项梁和项羽、沛公刘邦分别起兵反叛。

陈胜、吴广的军队向西行进时，李斯的儿子三川郡守李由未能阻挡。〈之后秦二世派使者前来调查李由，丞相李斯也被问责。李斯向秦二世回复了一封阿谀奉承的上书。〉

秦废卫国国君角为庶人，卫的祭祀断绝（《卫康叔世家》）。〈平势隆郎进行年代考证，认为此事应发生在秦始皇二十六年。〉

秦二世二年（公元前208年）[胡亥十三岁]

冬，陈胜部下周章率数十万军队逼近秦始皇陵附近的戏县。秦二世任命少府章邯为将军，让修建秦始皇陵的刑徒拿起武器迎战。〈即便到这个时候秦始皇陵的工程还在继续。郦山刑徒最多时达数十万人。即使秦始皇埋葬后，宏伟的地下帝国陵园工程仍在进行，应当是在修建兵马俑坑等陪葬坑。兵马俑坑的第四个坑没有埋藏任何东西，应尚未完工。〉

十二月，陈胜被杀，存续六个月的张楚政权灭亡。〈这时秦在军事上仍占优势。据载，陈胜不是被章邯率领的秦军所杀的，而是被自己的御者庄贾所杀的。〉

〈《史记·秦楚之际月表》中，为了避赵正名讳，将正月写作端月。〉

秦二世在甘泉宫看角抵（相扑）和俳优的表演取乐。这期间李斯向秦二世上书揭赵高的短处，秦二世泄露给赵

高。在赵高的建议下，秦二世开始了对李斯的审讯。〈在秦始皇陵陪葬坑中有百戏俑，发现了角抵的力士俑。〉

赵高开始审讯李斯，问其子李由的谋反罪。

李斯从狱中上书，向秦二世申诉自己无罪。

丞相冯去疾、将军冯劫因向秦二世进谏被问罪，自杀。

七月，赵高进行审判，判处丞相李斯腰斩的极刑。

八月，李由被刘邦、项羽斩杀。

秦二世三年（公元前207年）[胡亥十四岁]

秦将章邯、王离、涉间等人一起将钜鹿团团围住。〈这是秦军取得的最后一次战绩。〉

冬，李斯被处刑，赵高任丞相。〈赵高没有了政敌。〉

十二月，上将军项羽解救被秦军围困的钜鹿。

端月（正月），秦将王离被项羽俘虏，苏角被杀，涉间自焚而死。

四月，秦将章邯受到项羽的攻击，向秦请求援兵，赵高没有答应他的请求。

七月，秦将章邯和项羽在殷虚（墟）会盟，向项羽投降。〈秦在军事上完全溃败。〉

八月己亥（十二日），赵高想发动叛乱，向秦二世献上一头鹿，谎称是马，想了解臣下的反应。〈这就是后人所说指鹿为马的故事。这件事表明群臣都畏惧赵高的权势，但此时赵高已经丧失了秦的军事基础。〉

秦二世去上林苑斋戒时，将误入苑中的无辜者射杀。赵高责备秦二世的行为，让他前往咸阳郊外的望夷宫，秦二世在望夷宫被迫自杀。

九月，赵高立秦二世哥哥的儿子子婴为秦王，秦二世以庶民身份被埋葬在宜春苑。

赵高与项羽约定亡秦后自己做关中王，这个消息传到子婴的耳中。

秦王子婴和宦者韩谈父子刺杀赵高。

汉元年（公元前206年）

十月，秦王子婴在即位四十六天后投降沛公刘邦。〈虽然子婴当时还活着，但是由于他的投降，秦作为一个国家就灭亡了。〉

十一月，项羽在新安坑杀二十余万秦士兵，在刘邦攻入函谷关之后进入秦都城。项羽军队四十万人驻扎在鸿门，刘邦军队十万人屯驻灞水边。

十二月，沛公刘邦和上将军项羽在鸿门会见。〈鸿门位于秦始皇陵正北。〉

项羽杀死子婴，焚烧秦的宫殿，据说大火三个月后才熄灭。〈秦帝国彻底灭亡，项羽和刘邦长达五年的楚汉之争开始了。据载，楚汉战争时，刘邦列举了项羽的十条罪状责难他，其一就是项羽盗掘了秦始皇陵，夺走其中的财宝。兵马俑坑中虽有盗掘、焚烧的痕迹，但现在已经确定，秦

始皇陵的地下宫殿尚未遭到盗掘，被完整保存下来。〉

*由于流传下来的文献中的"日"是用干支表示的，我们需要根据朔闰表（了解每月朔日的干支、闰月、大月[三十日]、小月[二十九日]设置的表）将其换算成公历。本书利用的是张培瑜著《中国先秦历表》（齐鲁书社，1987年）、徐锡祺《西周（共和）至西汉历谱（下）》（北京科学技术出版社，1997年），并根据出土史料中的历谱进行了修正。

新思精选·第一辑

01 《欧洲历史上的战争》
War In European History
[英]迈克尔·霍华德 著

02 《现代社会的诞生:1500年以来的社会变迁》
A Short History of Society: The Making of Modern World
[英]玛丽·伊万丝 著

03 《浪漫主义革命:缔造现代世界的人文运动》
The Romantic Revolution
[英]蒂莫西·C.W. 布莱宁 著

04 《巴尔干五百年:从拜占庭帝国灭亡到21世纪》
The Balkans: From the End of Byzantium to the Present Day
[英]马克·马佐尔 著

05 《德意志帝国:一段找寻自我的国家历史,1848—1918》
The German Empire: A Short History
[德]米夏埃尔·施蒂默尔 著

06 《美国革命:美利坚合众国的缔造史》
The American Revolution: A History
[美]戈登·S.伍德 著

07 《美洲五百年:一部西半球的历史》
The Americas: The History of a Hemisphere
[英]菲利普·费尔南多-阿梅斯托 著

08 《始皇帝:秦始皇和他生活的时代》
人間·始皇帝
[日]鹤间和幸 著

09 《罗马帝国的衰亡》
新·ローマ帝国衰亡史
[日]南川高志 著